viver é verbo

Gabriel Chalita

Viver é verbo

Como a filosofia pode nos ajudar
a entender o mundo pós-pandemia

Editora Serena

Direção editorial: Soraia Reis
Preparação de texto e revisão: Carmen Valle
Capa, projeto gráfico e diagramação: Aline Benitez
Fonte título: Shutterstock

1ª. edição – São Paulo

Dados Internacionais de Catalogação na Publicação (CIP) de acordo com ISBD

C436v Chalita, Gabriel

Viver é verbo: como a filosofia pode nos ajudar a entender o mundo pós-pandemia / Gabriel Chalita ; editado por Soraia Reis. – São Paulo : Editora Serena, 2021.
184 p. ; 16cm x 23cm.

Inclui bibliografia e índice.
ISBN: 978-65-993396-3-9

1. Filosofia. 2. Viver. 3. Pandemia. I. Reis, Soraia. II. Título.

2021-257 CDD 100
CDU 1

Elaborado por Vagner Rodolfo da Silva - CRB-8/9410

Índice para catálogo sistemático:
1. Filosofia 100
2. Filosofia 1

Editora Serena
Rua Cardeal Arcoverde, 359 - cj. 141
Pinheiros – 05407-000 – São Paulo – SP
Telefone: 11 3068-9595 – e-mail: atendimento@editoraserena.com.br

Para Ruth e Tarcísio Padilha, por permanecerem acreditando no amor.

sumário

prefácio

Sexta feira 13 de março de 2020.

A vida estava organizada. Ouviam-se rumores, mas eram distantes.

Estava pronto para ir ao Theatro Municipal do Rio de Janeiro, quando recebo uma notícia de uma amiga dizendo que não era para sair de casa, pois todas as programações culturais da cidade haviam sido encerradas com uma publicação no diário oficial, por causa da manifestação de uma certa pandemia.

No primeiro instante, fico perdido. Várias notícias desencontradas.

Já tinha lido sobre pandemias nos livros e visto em filmes. Remontei a essas lembranças indesejáveis. Naquele momento, algo havia mudado radicalmente e não sabíamos o que era.

Neste momento de silêncios e informações equivocadas, você só pensa em ligar para alguém muito próximo ou para a mãe...mas "cadê ela"?

Em busca de algo para aplacar a angústia ou ter respostas, dias depois, encontrei uma mensagem em algum lugar de alguma rede social dizendo que o Professor e Filósofo Gabriel Chalita começaria um curso diário, às 18h, pela Internet.

Recorri ao mundo, para mim, técnico e ilógico das redes sociais...neste momento desalentador, foi o que encontrei como premissa de algo mais tranquilizador.

Acometeu-me o forte desejo de esquecer que era fraco, portanto, tentei ser sensato. Parei de errar em meus pensamentos com os prognósticos das tais tragédias similares, e comecei a acompanhar as aulas do Filósofo. Sua voz e palavras eram o colo de mãe que eu procurava .

Lembro-me bem da primeira aula e das aulas subsequentes. Encontrava nelas um reforço para minha fé na filosofia, na humanidade e na palavra.

Gabriel, com seus discursos existencialistas emoldurados por amor e carinho, nos dizia "sim", enquanto os jornais e as pessoas com máscaras pelas ruas nos diziam "não".

Tudo estava ruindo ao nosso redor, a própria civilização estava sendo questionada como a conhecemos, e ele, com seu alicerce verbal, nos edificava, nos envolvendo em palavras e afeto.

Lia nos comentários das *lives on line* do professor que todos os que ali se encontravam comungavam do mesmo medo. Tudo era inédito em nossas vidas. Era como se ouvíssemos por meio dos ensinamentos do Filósofo: "Fica firme, que vamos vencer este momento!"

A mãe do Filósofo, nesta época, estava hospitalizada... e ele, através de comentários esparsos, nos dava notícias do que ocorria com ela. Também ele reclamava por um colo de mãe.

As aulas eram um alívio para a falta de respostas cotidianas do mundo, pois, neste momento pandêmico, precisávamos de algo que decifrasse o que vivíamos. Tudo nos assustava nesta Genesis funesta, neste "no princípio era o verbo", e me segurei como náufrago na filosofia de suas palavras .

A vida também é cinema. E devemos, também, mudar o ângulo. Quando uma nova situação se apresenta, o foco da câmera tem que se voltar para outro lado.

Não faltei a um encontro. Foram cem.

Um dia, a aula não começou...me assustei, pois Gabriel era tão pontual que se poderia, até mesmo, acertar o relógio. Logo soube:

Naquele dia, sua mãe partira.

No dia seguinte, ele, pontualmente, estava no mesmo horário. Quando fiquei sabendo do ocorrido, me assustei. Tal qual um artista que não abandona o seu público, ele também não nos deixou.

Com a retomada, o Filósofo pratica suas palavras e nos dá a sombra quando tínhamos apenas nossos abismos incertos.

Muitos intelectuais compram um espelho e se esquecem de olhar para o outro.

O Filósofo e Professor Gabriel Chalita é um candeeiro. Ao lê-lo, a noite parece mais clara que o dia... acho que antes do medo da dúvida, do que virá no escuro, é na noite que salivamos com a esperança de modelar as sombras. Acho que somos modeladores de sombras quando sonhamos... e sua filosofia nos esclarece, ao mesmo tempo que indaga.

Seus livros são escadas que se transformam em montanhas e vemos o mundo mágico que se constrói com suas palavras. De lá do alto, construímos outras escadas...e que belas escadas!

Aprendemos a tornar visível um ádito que já existia. Seu verbo é o nosso alicerce.

Sou grato a José Milhem Chalita e Anisse Issaac Chalita, seus pais, que cuidaram, educaram e o cederam ao Brasil .

O livro " Viver é Verbo" flui nas palavras, nas frases, no sentimento, na percepção do momento e do outro!

Parece um rio que sabe que o mar está à frente e corremos confiantes sabendo o que nos aguarda em ondas subsequentes.

Suas palavras são a fonte.

Com a leitura deste livro, aspiro que a vida lhe seja frutífera de pensamentos cheios de sementes e lhe traga os belos feitos que a filosofia semeia.

Deveríamos todos ter um professor como ele.

A arte de ensinar é divina.

Que honra para todos nós, brasileiros, caminharmos guiados por suas palavras.

Julio Lellis

Cineasta

introdução

O mês de maio de 2020 está chegando ao fim. Faz apenas sete dias que a minha mãe partiu. E eu estou partido.

Viver a morte de uma pessoa amada, ainda mais daquela que nos deu a oportunidade da vida, é uma dor eterna. Não termina. O tempo alivia, é certo. Mas a dor está sempre à espreita, mesmo que as memórias nos façam ora sorrir, ora derramar lágrimas. É esse o ciclo da vida. Por mais difícil que seja compreender a vida quando ela se ausenta. Viver é verbo. É verbo porque o que é a vida senão instantes de ação e de estado? Ora agimos, ora somos. Aprendemos a falar por substantivos, na necessidade de nomear o mundo. No pedido de aconchego ou de ajuda, aprendemos a chamar “mamãe”, “papai”. E, aos poucos, formamos frases, com pronomes truncados, artigos pouco definidos, adjetivos qualificativos. Mas o verbo... É ele que dá movimento à vida. É ele que anuncia quem sou e como estou. O verbo é a alma, oculto ou evidente, da frase que se faz oração.

Sou dos que cultivam a filosofia como uma busca constante por uma sabedoria que expande a alma e eleva os pensamentos. Acredito na vida interior, na ponte necessária do existir, entre o que se vê e o mistério. Cultivo, também, a dúvida como responsabilidade de quem professa, nas salas de aula, a crença na humanidade. E escrevo. Escrevo como necessidade. Escrevo como compromisso de introspecção e de ação.

Escrevi meu primeiro livro aos doze anos de idade. Escrevi muitos livros com a responsabilidade de provar que um adolescente tinha o direito de ter ideias e de as ideias compartilhar. Escrevi buscando conceitos elaborados e palavras pouco usadas. Tinha um exigir, em mim, de ser aceito. Aos poucos, fui conhecendo a beleza do conceito filosófico da singularidade. E meu texto foi ganhando a face de quem sou. E o único compromisso: o de compartilhar personagens e ideias nascidos nessa ponte necessária que nos faz deixar o que não somos para encontrarmos o que nos humaniza. Parece estranho dizer isso. Os humanos precisam se humanizar? Sim, todos precisamos.

Estamos ainda na pausa. O vírus silenciou o mundo. O vírus parou as cidades. O vírus aumentou o medo. Covid-19, é esse o nome do invisível aos nossos olhos.

E começaram as teorias. E previsões. E desejos de que os valores mais caros aos humanos fossem resgatados.

E começaram os delicados amanheceres de promessas de novos dias. Filhos separados de seus pais, netos privados da alegre presença dos avós, amigos reinventando o verbo estar.

No silêncio das cidades, músicos aqueciam pensamentos em suas janelas. No silêncio dos cemitérios, partidas sem despedidas.

Pude ficar com minha mãe até o seu último suspiro. Ela não se foi pelo vírus. Lutava pela vida em um hospital cheio de hospitalidades. Foram cinco meses de presença. Cada sorriso era celebrado. Voltou a falar. Pôde dizer o quanto me amava. E eu pude ouvir. E pude dizer: "Eu, também, te amo".

Hoje faz um mês do meu aniversário. E eu pude celebrar com ela. Colocando pedaços do bolo em sua boca para ela mastigar a saudade dos tempos bons. Era bom estar com ela. É bom estar com ela.

Durante esses tempos, quis aliviar cansaços e criei um curso de filosofia pelas redes sociais. 30 minutos por dia. Os temas iam sendo sugeridos pelos meus amigos virtuais e eu ia buscando, nos filósofos, a fundamentação necessária.

Esse livro nasce desses diálogos. Já se foram quase sessenta aulas. E delas escolhi doze. Espero, modestamente, contribuir para a vida que nos espera.

Há, em mim, a dualidade natural dos viventes. Vejo perversidades e vejo generosidade, baixezas e elevação, ódios e amor. Há, em mim, um sentimento, talvez ingênuo, de atribuir aos que não amam apenas uma ignorância, um desconhecimento. Acredito na assertiva de Kant de que *o homem não é nada além daquilo que a educação faz dele*. Educação é um conceito mais amplo do que escolarização. Somos expostos a todo tipo de influências, desde sempre. Somos forjados para a guerra dos vingativos ou para a paz dos que cultivam vida. Mas como cultivar o que não se conhece? Como saber o que não se sabe?

A filosofia não é a resposta para os problemas da vida. A filosofia é a pergunta inicial e, também, as outras. É a inquietação necessária, é a amizade pelo saber que nos liberta das amarras tantas que nos são oferecidas pela ignorância. Os que ignoram, bagunçam o mundo com suas verdades irrefutáveis. A filosofia não convive com radicalismos, com fanatismos, com extremismos. A filosofia se alimenta de narrativas, mas as quebra, quando necessário. Prefere a verdade provisória aos dogmatismos. Compreende a ciência ratificada ou retificada, com lucidez.

Comecei muito cedo a estudar filosofia. Em dias incompreendidos, fui me apaixonando. Em dias tristes, fui me convencendo de que tristeza e felicidade coexistiam. Ambas representam o existir humano. A busca da felicidade é a grande verdade que nos move - queria Aristóteles. E a tristeza é o despir-se de falsos poderes, é o deixar de lado os trajes que nos escondem para experimentarmos a nudez da alma.

É na tristeza que mais me aproximo da vida interior. E quanto mais dentro, mais fora. Quanto mais viajo pelas minhas inquietações, mais compreendo o mundo - que ora me abraça, ora me expele.

Tenho muitos outros livros de filosofia e, também, artigos científicos repletos de citações e de compromissos com a metodologia que facilita a pesquisa e a continuidade da busca pelo conhecimento. Neste livro, entretanto, meu intento é outro, é trazer as luzes da filosofia para a metodologia da alma. Um sopro, talvez. Vou usar os filósofos que, nesse período, têm me feito companhia. Aqueles que sinto que podem ajudar nos amanhãs que virão.

É comum um aluno me perguntar qual é meu filósofo preferido. Nunca respondo. Até porque não tenho. Tenho os que mais estudo, os que mais me inspiram em momentos diferentes da minha travessia. Gosto de encontrar filosofia nos autores da literatura e nos poetas da canção. E deles vou me valer nessa obra. Livremente. Fico feliz quando um aluno me diz que consigo simplificar complicações.

Tento fazer isso sem reducionismos, mas com o bom e o belo da sedução. Uma obra filosófica ou literária ou artística tem esse poder de sedução. A sedução que nos apresenta um outro caminho. É o poder do êxtase e do êxodo. Do elevar-me e do sair de mim. Eu me elevo, quando cultivo os prazeres que permanecem. E saio, assim, das minhas prisões. Daquelas impostas por outros, que me encontraram desprevenido ou das que, voluntariamente, eu me deixei enganar.

Nesses tempos de pausa, poderíamos ter pensado mais no que nos eleva, no que permanece. Nunca o prazer, fruto dos desejos, terá a mesma permanência do prazer, fruto da razão. Os desejos do corpo fazem parte da identidade do ser, mas não são o ser. O ser é maior. O ser se encontra no interior. E é esse encontro que gostaríamos de proporcionar com o poder das palavras, com o poder do conhecimento.

Cada um faz sua trajetória. Dizia Guimarães Rosa, o mesmo escritor que dizia que o sertão *é dentro da gente*:

"O correr da vida embrulha tudo, a vida é assim: esquenta e esfria, aperta e daí afrouxa, sossega e de-

pois desinquieta. O que ela quer da gente é coragem".

O êxtase e o êxodo exigem coragem. Não é fácil se desvencilhar dos comodismos para tentar compreender. Tentar já é tudo. Um quarto trancado, vedado para o sol, já se transforma por uma pequena janela que se abriu. Já se ilumina. Já se ouve o som de alguma esperança.

Comecemos com a esperança!

30 de maio de 2020

Outono

esperança

Esperar o dia de amanhã é bom ou é ruim?

Heráclito de Éfeso ensinava sobre um devir. Um mudar. Um rio que não para. Imagine se o rio pudesse parar nas margens bonitas e ficar contemplando. Não pode. Não pode, também, passar rapidamente pelas margens feias, doridas. O rio tem um curso. O rio sabe que há um amanhã. Mas não o espera. Prossegue.

Sêneca foi um filósofo estoico, romano. Insistia ele que não deveríamos viver do passado ou do futuro. Que não deveríamos, portanto, esperar. Quando esperamos, deixamos de viver. É o *Carpe diem*[1], de Horácio, que deve nos impulsionar a viver o dia, a aproveitar o dia.

O filme "*Sociedade dos Poetas Mortos*", 1989, foi dirigido por Peter Weir, roteirizado por Tom Schulman e estrelado pelo inesquecível Robin Williams. É a história de um professor de poesia que professa a crença da vida intensa, da vida apaixonada, do

1. **Carpe diem** faz parte de uma frase latina: "***Carpe diem*** *quam minimum credula* póstero" (em tradução literal quer dizer: "*Aproveita o dia e confia o mínimo possível no amanhã*" ou ainda "Desfruta o presente"). Esta foi extraída de uma das Odes, de **Horácio** (65 a.C. - 8 a.C.).

carpe diem. O professor havia estudado na instituição em que agora leciona. Viveu as agruras de um ensino, cujo, realismo afastava o belo do cotidiano. Era romântico ele. E era cioso do seu dever de encantar para que a literatura cumprisse o seu papel. O filme, ganhador do Oscar de melhor roteiro original, em 1990, inspirou gerações e gerou polêmicas.

Pode um professor quebrar a rigidez da tradição e ousar um caminho novo? Pode desconsiderar a força da disciplina em benefício de uma certeza tão antiga? *Carpe diem*, "aproveite o dia", queria o professor. Por que vivermos das esperas? Por que vivermos sempre aguardando o dia que ainda virá?

Os ciclos educacionais nos ensinam que é preciso nos prepararmos para o ano seguinte. Quando estamos na etapa inicial, na educação infantil, aguardamos o momento de, enfim, sermos alfabetizados. Quando alfabetizados, começamos a nos encantar com palavras e a beber de criatividades, informam-nos que é preciso estar preparados para um novo ciclo em que diversos professores nos ensinarão diversas novas disciplinas que serão fundamentais para que nos preparemos para o ciclo que virá depois. Quando, enfim, chegamos ao novo ciclo, é momento de nos prepararmos porque sairemos do fundamental e ingressaremos no ensino médio. E o ensino médio é para aproveitarmos o dia, *carpe diem*? Não. É para nos preparamos para o que virá depois. Como conseguiremos ingressar em uma universidade se não nos prepararmos? Chegamos à universidade. Agora é momento de, enfim, viver o momento? Não. Agora é para estudarmos com afinco para o que será depois.

Em tempos de mudanças de profissões, de um mercado de trabalho volátil, de um mundo em selvagem dinâmica é preciso que nos preparemos. Para o depois. Chegamos, finalmente, ao mercado de trabalho. Agora, sim, é momento de paz interior. De cultivar as conquistas. De *carpe diem*. Não. Agora é momento de nos prepararmos para outros saltos. Ninguém pode ficar parado. Lembram-se do rio? Não para. Sim, mas o rio segue o seu curso sem medo do amanhã. Ele não se prepara para as outras margens, apenas cumpre o seu papel de prosseguir. E nós? Nós precisamos continuar a desperdiçar a vida que temos no presente em busca de um futuro? De um futuro que não conheço? De um futuro que não controlo?

Quem imaginaria um vírus capaz de silenciar o mundo? Quem imaginaria o barulho do medo criando cidades desertas, pelo menos por um tempo? Quem se preparou para isso? Se vivemos sempre em constante preparação, se nos inundamos de conselhos de "achistas" de todas as áreas, o que faltou para que nossa preparação conseguisse prever a pausa? Previsões são sempre discutíveis. Das esotéricas às econômicas. Das políticas às sociais ou educacionais. Como preparamos, hoje, o nosso aluno para um amanhã que não conhecemos?

Há os que convivem nada com as dúvidas, e esses são ainda mais perigosos nas relações humanas. Esses são os que, em nome de uma verdade absoluta, decidem *amanhãs*. E decidem, quase sempre, erroneamente. Dos extremos não se enxerga nada. Os radicalismos são destruidores da razão.

No filme, Sociedade dos Poetas Mortos, a discussão se passa no ano de 1959. É obra de ficção. A escola secundária (o que aqui no Brasil de hoje, chamamos de ensino médio) é a Academia Welton, considerada uma das melhores dos Estados Unidos. O que o professor John Keating almejava era que seus alunos tivessem condições de compreender o tempo em que viviam. Que percebessem o que poderiam aprender com a literatura. A literatura é a história dos sentimentos e não das normas da língua. Ela se usa da linguagem correta para exprimir algo que vai além. A literatura, ao nos apresentar personagens, nos convida a compreender os dramas humanos: tragédia e comédia, dor e amor, angústias e liberdade. Os que discordam dele insistem no discurso de que o papel da escola é preparar para o amanhã. Ou um amanhã. O amanhã que eles decidiram que será o correto. Há uma briga conceitual entre realismo e romantismo, entre o que se vê estático e a utopia.

Uma das cenas mais emocionantes do filme é o coro dos alunos "*Oh Captain! My Captain*"! O professor Keating (Robin Willians) já havia sido demitido. Os que tinham o poder não concordaram com os seus métodos, talvez por medo. A liberdade dá medo. O professor recebe com serenidade a notícia de que estava sendo dispensado. Era como se soubesse que isso iria acontecer, não por prever o futuro, mas por conhecer no presente os que tinham medo do presente e do futuro. De saída da escola, com o seu material, vê a cena. Os alunos subindo nas carteiras e repetindo a frase poética: "*Oh Captain! My Captain*"!

Quer o professor que os alunos percebam a liberdade que mora nos sonhos. Quer o professor que eles aproveitem cada instante que podem, enquanto estão na escola, não pensando ansiosamente no dia de amanhã, com as cobranças todas, que não são deles. Quer que permitam que o amanhã venha, até porque não depende deles, mas que vivam o hoje. Mais uma vez, *carpe diem*!

A preparação para o amanhã não se dá apenas nos ciclos educacionais ou no mercado de trabalho. Sempre se fala de futuro, semeando algum medo. O medo da doença pode ser pior do que a doença. O medo do envelhecimento pode ser mais destruidor da vida do que a velhice, parte da vida. Imaginem alguém, aos 40 ou 50 anos, vivendo com medo dos 80 ou 90 anos. Quantos anos antecipando os anos que virão? Primeiramente, é preciso que nos lembremos de que muitos nem chegarão aos 90. Medo desnecessário, portanto. Depois, basta um pouco de olhar para ver quantas pessoas estão plenas nos seus 90 anos.

Há os que trabalham esperando as férias. Há os que contam os anos que faltam para a tão sonhada aposentadoria. Há os que sonham que os filhos cresçam rapidamente. Desperdício. Até porque depois correm o risco de querer viver do passado.

Voltemos a Sêneca.

Lúcio Anneo Sêneca nasceu em Córdoba, Espanha. Foi educado em Roma, onde se dedicou ao estudo da retórica, da arte do bem-dizer. O jovem começou a ganhar notoriedade e a despertar inveja. Foi perseguido por Calígula, depois por Nero, de quem havia sido pretor. Nos primeiros anos de Nero, Sêneca tentou ajudá-lo a ser um imperador justo e correto. O bom governo de Nero durou pouco. E, assim, Sêneca é condenado a se suicidar.

Em sua obra, Sêneca tem uma profunda coerência textual. Quer ele o encontro com a vida presente, sem os temores do passado nem do futuro. Dizia que os gregos perseguiam um estado da alma que se chamava *eutymia*, que eles explicavam como sendo a força de não ser abalado. Para Sêneca, *eutymia* significava tranquilidade da alma. Ou seja, estar em paz consigo mesmo. Para isso, era preciso enfrentar várias amarras, dentre elas a do patrimônio, que era, para ele, a maior fonte dos sofrimentos humanos.

"Se comparares todas as outras coisas que nos angustiam – como mortes, doenças, medos, desejos, intolerância de dores e de trabalhos – com os danos que nos traz a riqueza, a parte desta certamente pesará muito mais.

Assim, deve-se considerar quão mais leve é a dor de não tê-la do que de perdê-la, e compreendermos com isso que a pobreza é matéria de tormentos menores porque oferece menos danos. Erras, pois, se pensas que os ricos sofrem com mais ânimo as perdas. Nos maiores e nos menores corpos a dor das feridas é igual".

É preciso contextualizar esse ensinamento de Sêneca.

Um dos vícios mais criticados pelos filósofos clássicos é o da avareza. Aristóteles chega a dizer

que a avareza é incurável, tamanho o mal que ela provoca ao homem. Para Aristóteles, filósofo da justa medida, do equilíbrio, os extremos "avareza" e "prodigalidade", devem ser evitados. O ideal é o meio-termo. Mas o pródigo, ao menos, beneficia alguém. O avarento não beneficia nem a si mesmo. O medo do amanhã faz dele alguém trancado em suas posses ou em seus sentimentos.

A consciência das doenças e da morte faz com que, sobre elas, não se tenha muita decisão. Já sobre a escravidão, sobre as posses, se tem. Por isso Sêneca faz essa comparação. Que se vê muito mais tarde em Rousseau, quando afirma que os homens entram em guerra não por causa dos homens, mas por causa das coisas. Cita Sêneca, o lendário filósofo Diógenes, que nada tinha, exatamente, para que nada lhe fosse tirado.

Conta que Alexandre, o Grande, que teve Aristóteles como preceptor, ficava encantado com os ditos sobre Diógenes de Sínope, que vivia em um barril. Um dia, fez de tudo para encontrar o filósofo. Queria ver como era possível alguém viver sem posse alguma.

E foi esse o diálogo entre eles:

"Sou Alexandre, herdeiro da Macedônia e herói de numerosas batalhas, peça o que quiseres e se estiver ao meu alcance farei de tudo para atendê-lo".

A resposta foi direta: "Alexandre, o Grande, tu és belo como Apolo. Pode me dar a luz do Sol?".

Alexandre estranhou o pedido e disse que não. "Então sai da frente, está fazendo sombra".

Ao contrário dos que o seguiam, Alexandre não ficou decepcionado nem enfurecido com Diógenes. Chegou, inclusive, a dizer:

"Se eu não fosse Alexandre, gostaria de ser Diógenes".

Sêneca, embora fosse um homem rico e poderoso, insistia que a tranquilidade da alma não estava nas coisas, mas na consciência de que a vida é algo que nos foi dado como empréstimo e que deve ser devolvido.

"Retornar de onde se veio, qual é o problema disso?"

"Mal vive aquele que não sabe morrer bem".

Viver bem é ter consciência da finitude, da transitoriedade dos bens e das glórias. Viver bem não é sair de hoje em atitude desenfreada em busca de um amanhã. Viver bem é reconhecer no hoje, o hoje.

"Faz-se necessário muito recolhimento para dentro de si próprio."

O entendimento da vida interior era uma busca constante dos filósofos clássicos. A vida interior talvez seja um dos grandes desafios dos dias em que estamos vivendo.

O medo do amanhã, que muitas vezes nos faz tão mal, é justificado em meio às surpresas que nos assaltam. De instante em instante, vamos percebendo que nossas vidas não serão as mesmas.

Os pais têm que conviver mais com os filhos. Os trabalhos e os estudos em casa. A rua, mais perigosa.

Os que moravam sozinhos viram aumentar sua solidão. Os que moravam acompanhados viram aumentar sua impaciência. As desigualdades sociais ficaram mais visíveis.

Algumas escolas criaram plataformas dinâmicas para que os alunos prosseguissem aprendendo. Outras, sem condições, optaram por aguardar. Alguns tinham sobras financeiras, outros entraram em desespero para pagar contas, para se alimentar. Os ricos reclamavam do tédio. Os pobres, da fome.

Como viver o isolamento se moram tantos em tão poucos cômodos? Como utilizar dos benefícios tecnológicos quem benefícios tecnológicos não têm?

Mas o medo do amanhã ou a saudade do passado pode representar um grande mal para o presente. O presente é onde habitamos.

O passado cumpriu o papel de nos permitir memórias, lembranças cicatrizantes de dores que já nos incomodaram. O passado nos traz ensinamentos, imagens que viraram conceito. Mas o passado passou. O excesso de nostalgia não faz bem. Ter saudade do tempo e do espaço que não posso visitar só me ajuda, se eu tiver a consciência de que é bom lembrar o que amei ou quem amei.

Quando penso no meu pai que se foi, há tanto tempo, sei que não posso voltar ao tempo em que ele vivia comigo. Mas me faz bem pensar. Faz bem lembrar. Se me olho no espelho e não gosto da minha idade e prefiro a idade que tinha, há vinte anos, vou ficando míope da alma e desperdiçando a beleza da idade que tenho hoje. Não posso me sentir superior à natureza e decidir que apenas uma fase da vida é bela.

A vida é bela quando se tem consciência do presente. *Carpe diem.*

Então, não podemos ter esperança? Se tivermos esperança, estaremos desperdiçando o presente?

Santo Agostinho, filósofo do amanhecer da Idade Média, dizia:

"É impróprio afirmar que os tempos são três: pretérito, presente e futuro. Mas talvez fosse próprio dizer que os tempos são três: presente das coisas passadas, presente das presentes, presente das futuras. Existem, pois, estes três tempos na minha mente que não vejo em outra parte: lembrança presente das coisas passadas, visão presente das coisas presentes e esperança presente das coisas futuras."

Passado e futuro estão no presente. Em mim. Em minha consciência, que é uma parcela do divino que me ensina a viver, segundo Agostinho. O passado mora na minha consciência. O futuro também pode morar, desde que não me sufoque, não me escravize. Quando Agostinho fala em *esperança presente das coisas futuras*, ele não fala em uma esperança que faça com que o presente seja um aguardar o futuro. É mais profundo.

"A esperança tem duas filhas lindas, a indignação e a coragem; a indignação nos ensina a não aceitar as coisas como estão; a coragem, a mudá-las."

A esperança em Santo Agostinho é ação presente, não a espera futura. É viver com a consciência de que o que nos eleva é o amor. Explica ele:

"Ama e faz o que quiseres.

É o amor o motor vital que nos faz compreender a esperança.

A esperança que, no amor, me faz ver o outro e o seu sofrimento me faz compreender a indignação – que é uma virtude essencial –, se me vejo um humano entre humanos. Quando olho ao redor e vejo irmãos meus sofrendo de todas as formas de violência, e não vejo, é porque há algo de errado no meu presente. Os egoísmos nos cegam. E o outro passa a ser um ser estranho a mim. E não é. Nunca foi. Nunca será.

É o que nos ensina o rigorismo de Immanuel Kant:

"A inumanidade que se causa a um outro destrói a humanidade em mim".

Ou o existencialismo de Simone de Beauvoir:

"Em todas as lágrimas há uma esperança".

A esperança é um reacender em mim, hoje, da luz que quero deixar para o amanhã. Mas o reacender é hoje. É um ancião que planta a semente de uma árvore que levará décadas para ser grande. Ele sabe que não saboreará das suas sombras, mas ele planta. O que planta é o mesmo que enxerga esperança nas lágrimas. Se há lágrimas, há sensibilidade; se há sensibilidade, o mundo pode ser melhor.

O poeta indiano Tagore diz :

"Cada criança que nasce é uma prova de que Deus não perdeu as esperanças na humanidade."

Voltemos a Kant, o filósofo da ética da responsabilidade, da emancipação, do sonho de que cada um seja livre e não tutelado pela razão alheia. A esperança de Kant é que vençamos os atos inumanos, os atos cruéis, as perversidades. É o mesmo conceito da coragem de Santo Agostinho. O primeiro passo é vermos, indignação. O segundo é agirmos, coragem. Um a um. A humanidade inteira. Trata-se de uma utopia? Se não podemos mudar o mundo inteiro, mudemos o inteiro mundo que vive na nossa aldeia.

Era o que ensinava Tolstói: *Se queres ser universal, começa por pintar a sua aldeia."*

Ele, também, nos preveniu:

"Há quem passe por um bosque e só veja lenha para fogueira."

Que desperdício!

Esperar, então, o dia de amanhã, é bom ou ruim?

Esperar, sem nada fazer, é ruim. Esperar, como se não fizesse parte, é ruim. Esperar como alienação do tempo e espaço em que vivemos é ruim. Esperar que alguém faça o que eu posso fazer é ruim.

Bom é pensar e agir. Não há esperança sem vida interior. Os tempos da pandemia proporcionaram a muitas pessoas um revisitar dos seus conceitos e um ressignificar de sua existência.

O silêncio nos proporciona essas preciosidades. É difícil ver o outro, se sou incapaz de ver a mim mesmo.

A inscrição no Oráculo de Delfos[2] do pensamento que inspirou Sócrates é profundamente atual:

"Conhece-te a ti mesmo."

E, a partir dela, domina-te a ti mesmo, preserva em ti os valores essenciais do seu viver e do seu conviver.

Eu tenho esperança de que tenhamos um mundo melhor. Por isso, sou professor. Vejo nas crianças um comportamento que me fascina. Um frescor de vida,

2. Delfos é uma cidade da Grécia. Os antigos gregos buscavam conselhos do Oráculo sobre diversos temas da época. O Oráculo de Delfos foi construído em homenagem ao deus Apolo, conhecido como deus das profecias e da verdade.

um lampejo de novos tempos. Quando se preocupam com a natureza e com o outro, quando se lamentam pelas violências e agressões tão comuns aos adultos, infelizmente. As crianças podem nos ensinar a redescobrir que o sorriso se esconde em coisas simples. Acompanhei histórias de amigos que não conseguem, na pandemia, ensinar o que falta das aulas em casa. Então, contam histórias. A cena é poética. As crianças deitadas em torno dos adultos ouvindo histórias. E pedindo mais. Muitas vezes, as mesmas histórias. Sem outras preocupações. Estão ali aquecidas por aquela voz e por aquelas personagens. Não pensam, ainda, em profissões ou em competições. Não temem os erros nas perguntas, por isso, perguntam. Não conhecem a perversidade, por isso, gostam de viver. O que acontece com as águas que nascem puras? Por que saem das nascentes com possibilidades e, depois, vão sendo poluídas? Quem as polui? O que acontece com a espontaneidade, com a pureza, com a criatividade de uma criança?

Dizia Picasso:

"Toda criança nasce artista."

Toda criança tem algo a nos dizer, poetizava Gonzaguinha:

"Ontem um menino que brincava me falou
Que hoje é semente do amanhã.
Para não ter medo que esse tempo vai passar...
Não se desespere não, nem pare de sonhar.
Nunca se entregue, nasça sempre com as manhãs...
Deixe a luz do sol brilhar no céu do seu olhar!
Fé na vida, fé no homem, fé no que virá!
Nós podemos tudo
Nós podemos mais
Vamos lá fazer o que será!"

coragem

O que é coragem?

O que é medo?

É natural ter medo? Há alguém que consiga viver sem medo?

A coragem é uma virtude que combina com os heróis. Ela mora no coração, daí sua origem. Coragem vem do latim *coraticum*, derivado de *cor*, coração. E se materializa na ação. Uma ação que, segundo Aristóteles, torna-se virtude quando se encontra a excelência do meio-termo, e nunca os exageros dos extremos.

Quais são os exageros dos extremos quanto à coragem, para Aristóteles? A covardia, que é a falta; e a temeridade, que é o excesso.

Partamos do princípio de que não há como viver sem medo. O medo é uma reação normal da consciência humana. Sentimos medo quando nos sentimos ameaçados. Somos ameaçados por forças externas e também por forças internas. Há medos mais visíveis. Em uma rua deserta, há alguém que se esconde atrás de uma banca. Tenho medo de que seja um agressor, tenho medo de que atente contra minha vida. Há medos mais escorregadios, que se disfarçam em atitudes que, muitas vezes, não percebo. O medo de não ser amado ou o medo de não ser digno de amor. O medo do agressor, eu sei onde nasceu. O medo de não ser amado é mais complexo. Há fatores que vão se somando em meu fluxo de vivências que geram esse medo.

Os medos que vivemos em decorrência da pandemia são muitos. O medo de um descontrole emocional, o medo de uma solidão sem fim, o medo da morte de pessoas que amo, o medo de um amanhã que desconheço.

Comecemos pelo medo da solidão sem fim.

Vinicius de Moraes dizia:

"A maior solidão é a do ser que não ama.

A maior solidão é a dor do que se ausenta, que se defende, que se fecha, que se recusa a participar da vida humana.

A maior solidão é a do homem encerrado em si

mesmo, no absoluto de si mesmo, o que não dá a quem pede o que ele pode dar de amor, de amizade, de socorro.”

Se o medo é o da solidão sem fim, a coragem que enfrenta esse medo é a do amor. A do amor próprio e a do amor pela humanidade. A do amor próprio precisa ser cultivada no cotidiano da própria solidão. Solidão não, necessariamente, é isolamento.

Clarice Lispector nos convida à coragem:

Que minha solidão me sirva de companhia.
Que eu tenha coragem de me enfrentar.
Que eu saiba ficar com o nada
e mesmo assim me sentir
como se estivesse plena de tudo.

A coragem para vencer o medo da solidão sem fim vem do necessário diálogo com a vida interior. Vem com a inteligência, que significa fazer escolha - intellegere, de inter (entre) e legere (escolher, separar). Eu preciso separar o bom do resto. Talvez o bom signifique ficar *com o nada*. O nada me ajuda a aproximar-me de mim mesmo. Quanto mais dentro, mais fora, ensinavam os estoicos[3], como já dissemos. Quanto mais dentro de mim mesmo, maior a possibilidade de compreender o mundo que me cerca.

A pausa poderia ter nos oferecido uma coragem necessária de nos conhecermos. De separarmos o necessário dos acúmulos, de experimentarmos esse amor próprio. Sem enfrentarmos quem somos, não poderemos nos entregar aos outros. A coragem do autoconhecimento é tão importante quanto a coragem de pensar na morte e prosseguir vivendo.

O medo da morte foi impulsionador para que os chamados filósofos pré-socráticos se debruçassem no tema do surgimento da vida. Como não sei para onde vou, talvez eu deva tentar entender de onde vim.

De onde vieram todas as coisas? Queria saber Tales de Mileto ou Anaximandro, também de Mileto. Da água, de Tales, que deu origem aos quatro primeiros elementos: água, ar, terra e fogo? Ou de um princípio indeterminado, o *ápeiron*[4], de Anaximandro? Tiveram eles a coragem de não se paralisar pelo medo da morte.

3. Os estoicos sugeriram o cultivo da temperança frente à dor e as agruras da vida. O estoicismo floresceu na Grécia, com Cleantes de Assos e Crisipo de Solis, sendo levado a Roma no ano 155 a.C., por Diógenes da Babilônia. Seus sucessores foram Marco Aurélio, Sêneca, Epiteto e Lucano.

4. Ápeiron é uma palavra de origem grega que significa ilimitado, infinito ou indefinido. O ápeiron é o centro da teoria cosmológica criada por Anaximandro, no século VI a.C..

Assim nascem as grandes questões iniciais da filosofia:

De onde vim?

Para onde vou?

O que estou fazendo aqui?

Dizia Guimarães Rosa, em seu Grande Sertão Veredas:

"O correr da vida embrulha tudo, a vida é assim: esquenta e esfria, aperta e daí afrouxa, sossega e depois desinquieta. O que ela quer da gente é coragem."

Viver é para os corajosos!

Não há manuais que nos ensinem a viver corretamente. Há inspiradores que ousaram, nas próprias vidas, não desistir. Há os que cultivaram a vontade de melhorar o mundo e se eternizaram.

Imaginem a coragem de um Nelson Mandela de não se vingar de seus carrascos para seguir em frente, para cumprir a sua vontade de melhorar o mundo unindo o seu país. A coragem de Cecília Meireles de poetizar a dor em versos que aquecem a humanidade. Cecília perdeu o pai, três meses antes de nascer, perdeu a mãe aos três anos de idade. Foi criada pela avó e preenchida pelos sonhos de compreender o mundo pela palavra. O marido, com quem teve três filhas, todas de nome Maria, desistiu da vida, suicidou-se na casa em que estavam. E agora? E a coragem de prosseguir?

Em uma carta enviada a amigos portugueses, Cecília descreve a dor, o medo, as mortes, todos nascidos daquele suicídio e, ao mesmo tempo, o contrato com a vida. A dureza seria enfrentada. Ela enfrentou! A coragem de Francisco de Assis e de Madre Tereza de não desistirem do intento amoroso de melhorar o mundo cuidando de quem ninguém tinha coragem de cuidar.

Não sei se é real a conversa entre Madre Tereza e um rico empresário que disse a ela que não daria banho em um leproso nem por um milhão de dólares.

Ela teria respondido:

"Eu também não. Só por amor se pode dar banho a um leproso".

E a coragem de Gandhi de não compactuar jamais com a violência, e a sua decisão firme de libertar o seu povo. Ou de Moisés. Ou de Luther King. Não importa a época, importa a causa. O corajoso é aquele que enfrenta o medo e prossegue. Porque todos eles tiveram medo, são humanos, mas o medo não os paralisou.

Voltaire dizia que a coragem é uma qualidade comum aos grandes homens. Mas explicava que era preciso separar os bons dos equivocados. Nem todo homem corajoso usa sua coragem pela melhoria do mundo.

Voltemos a Aristóteles. A coragem é o meio-termo entre a covardia e a temeridade.

Quem é o temerário? O que nada teme. É bom que alguém não tenha nenhum temor? É um ato de coragem um jovem que pilota sua moto a 200 km/h? Ou é um ato de temeridade? É um ato de coragem o médico que não se prepara com cuidado para a cirurgia que terá de fazer? Ou é uma temeridade?

É bom que o padeiro tenha algum medo e, por isso, preste atenção ao pão que está fazendo. É bom que o nadador tenha medo e, com isso, seja mais cuidadoso ao invadir as águas do mar. É bom que um pai tenha medo e, por isso, se esmere na educação de seus filhos.

O medo não é ruim. O medo paralisante, sim.

Nesse raciocínio, não há coragem, quando não há moral. Os atos de exibicionismos são atos de temeridade, não de coragem. A coragem está no bombeiro que se prepara para salvar vidas e não no que pula de uma altura irresponsável para ver o que acontece. O bombeiro põe a sua vida a serviço de outras vidas. O pulador amador quer apenas sentir alguma emoção. E, temerariamente, põe sua vida em risco. Não é um ato de coragem entrar em uma jaula com leões, a não ser que seja para salvar a vida de alguém.

Se a coragem se relaciona ao bem e ao outro, amar é um ato de coragem.

Se a coragem se relaciona ao bem e ao outro, deixar de amar também é um ato de coragem.

Só se ama a outro, quando se conhece o amor, quando se ama a si mesmo. Quando o amor se transforma em uma subserviência, quando se implora amor, quando se mendiga amor, já não se tem um ato de coragem, mas de desespero. Deixar uma história de amor sem amor é um ato de coragem. Há muitos que permanecem em histórias tóxicas, falidas, com medo do amanhã solitário. Mas já estão solitários. Amam e não são amados, entregam-se e nada recebem em troca. O amor não vive de migalhas. O amor é pleno. Ou há amor ou é preciso ter a coragem de partir. Mesmo que partido.

É natural que se tenha medo de deixar uma história. Já falamos que o problema não é o medo, é a paralisia.

Uma mulher que sofre violência de seu companheiro não é corajosa, é temerária. Histórias assim desembocam em finais imprevisíveis. As estatísticas de violência contra a mulher durante a pandemia mostram quanto ainda temos de aprender como humanidade. O homem que bate em uma mulher não é corajoso, é covarde. A grande coragem, os gregos a chamavam de *Andreia*, não é física, é moral. E é um movimento de melhoria do mundo. É o piloto do avião que se supera para superar uma adversidade e salvar os que viajam com ele, e não o piloto de avião que, irresponsavelmente, resolve fazer manobras insanas para receber aplausos. Não é corajoso aquele que, em uma pandemia, desconsidera a ciência e desrespeita os protocolos de proteção da vida. É corajoso aquele que trabalha na saúde e que se torna um herói ao salvar vidas arriscando a própria vida.

O mundo na pandemia se dividiu em líderes que acreditam na ciência e em outros que utilizam os medos para ampliar o seu próprio poder. A ciência não tem verdades absolutas. Ela é ra/retificável. Isto é, ora corrobora, ora corrige. A ciência se alimenta de dúvidas e de cuidados. Um vírus é sempre um desafio. Qual a sua força? Qual o seu potencial de contaminar, de prejudicar a vida? Como se reproduz? Quanto tempo vive? Como se proteger dele? Os já infectados podem ser infectados novamente? É mutante? Até quando? Como? Tem as mesmas características nos diversos lugares? É mais letal para que grupos de pessoas? Essas são algumas de tantas perguntas que cientistas de todos os cantos vêm fazendo. E de testes. E de experimentos. Tudo em benefício da vida. Por isso, precisam ser cuidadosos. Não se aprova um novo medicamento sem o devido tempo de compreensão de sua eficácia e de seus efeitos colaterais.

A ciência vem evoluindo e modificando a nossa relação com a dor e com a saúde. Imagine o que era o mundo sem anestesia? Sem antibióticos? Sem morfina? Como eram as extrações dentárias de pouco tempo atrás? Como se tratavam as feridas? O que hoje se recupera, ontem se amputava. E há o que se faz hoje e que amanhã será diferente. Por isso, a ciência é tão essencial à humanidade. E, por isso, tantos corajosos entregaram sua vida para descobrirem caminhos para melhorar a vida de outros. Veja a cientista Maria Salomea Sklodowska ou, simplesmente, Madame

Curie. Ela foi a primeira mulher a ser laureada com um Prêmio Nobel (aliás, a única que recebeu duas vezes o Prêmio Nobel, em áreas distintas), a primeira mulher a ser professora da Universidade de Paris, a primeira mulher a ser enterrada no Panteão de Paris. E o que ela fez? Foi gigante na ciência ao descobrir a força da radioatividade, usando, inclusive, a radiografia móvel para soldados feridos durante a Primeira Guerra Mundial. Afinal,

Madame Curie proferiu:

"Cada pessoa deve trabalhar para o seu aperfeiçoamento e, ao mesmo tempo, participar da responsabilidade coletiva por toda a humanidade."

Morreu ela da ciência, do excesso de contato com o material que utilizou para mudar a vida de milhões de pessoas. Corajosa, mudou a ciência.

A pandemia criou novos heróis. Enfermeiros, médicos e outros profissionais da saúde. Muitos morreram sem despedidas. Mas ficaram até o fim tentando evitar outras mortes. Aqui, mora a coragem.

Outros fizeram festas e algazarras para se mostrarem mais fortes do que o vírus. Aqui não mora a coragem, mora a irresponsabilidade, o egoísmo, a cegueira mental.

Cegueira mental, também, tem aqueles que não compreendem a necessidade da comunicação correta para combater o vírus. O vírus de Israel não consegue se comunicar com o vírus da Inglaterra para discutir estratégias de como contaminar mais pessoas. Já um cientista, em Israel, consegue conversar com um cientista inglês ou chinês ou com um brasileiro, para trabalharem juntos em defesa da vida. Assim, também, os líderes. É inaceitável líderes trancafiados em seus populismos e em suas ignorâncias. O vírus não é racional. O ser humano é.

Se há alguns que nos decepcionam pela crueza de sentimentos, pela opacidade de pensamentos; outros nos surpreendem pela luminosa generosidade.

Muitos jovens se oferecem para fazer compras para os mais velhos, mais vulneráveis ao vírus. Corajosamente, colocam-se a serviço. Como também os profissionais da limpeza, os que trabalham, ininterruptamente, na produção e comercialização de alimentos e de remédios. Os que cuidaram e cuidam da segurança. E tantos outros. Tomando os cuidados, mas colocando a própria vida em risco. Muitas vidas se vão assim, bravamente, corajosamente. E muitas vidas se perdem em festas e em ações desnecessárias que contrariam a ciência e a responsabilidade.

Os artistas, que são terrivelmente afetados em suas atividades, cantam em janelas para amenizar o medo, multiplicam-se em shows para convencer as pessoas a exercitar a virtude da paciência.

Li atônito uma reportagem sobre algumas pessoas que morreram fazendo acampamento contra os que acreditavam no vírus, justificando que se tratava apenas de uma estratégia comunista de dominação do mundo. Morreram ignorando a ciência, mas acreditando em alguns líderes que se valeram de discursos insanos. O mundo viu um presidente dizendo que quem tomasse detergente poderia se salvar do vírus. E muitos tomaram. Depois disse o líder que havia dito em tom de brincadeira. Depois o mesmo mundo viu o mesmo líder perder as eleições. Líderes corajosos não brincam com a vida. Winston Churchill não brincou quando enfrentou os que dizimavam vidas em nome de uma raça pura. Enfrentou sozinho a Alemanha e alguns de seus correligionários que, por covardia, preferiam se unir a Hitler a correr riscos.

Churchill asseverou:

"Jamais ceder, jamais, jamais, jamais – em nada, seja grande, seja pequeno, amplo ou trivial –, jamais ceder exceto a convicções de honra e bom senso.

Jamais ceder à força, jamais ceder ao aparentemente devastador inimigo."

Churchill venceu a guerra, porque venceu o medo, porque teve a coragem de não abrir mão de suas convicções. O discurso *jamais ceder* não é um discurso de radicalismo, é um discurso de consciência.

Há inimigos a serem derrotados. Externos e internos. É mais fácil vencer os inimigos externos quando temos a coragem de enfrentar os inimigos internos. E quais são eles?

Falamos da covardia dos que espancam suas mulheres. Podemos falar da covardia dos corruptos que se enriqueceram, nesses tempos de pandemia, utilizando recursos públicos para superfaturar produtos e serviços na saúde. Podemos falar dos inimigos internos como a indiferença ou a preguiça de viver. Como a arrogância que nos afasta da humanidade da qual fazemos parte. Como os vícios que nos roubam de nós mesmos. Como as máscaras, não as necessárias desses tempos, que nos protegem. As máscaras da falsidade que vão nos deformando.

As mentiras dos nossos tempos têm outra velocidade. E os seus propagadores são covardes. Geralmente se escondem em nomes falsos ou em robôs programados para destruir a reputação de outras pessoas. Nem as vidas em risco convenceram os discursos de ódio a mudarem o tom.

Essas exteriorizações nascem dos interiores. Nunca vi um perverso feliz. Atormentam, porque são atormentados. As ambições desmedidas corroem os interiores. A pandemia se tornou, em muitos países, a Torre de Babel. A narrativa bíblica nos remete à reflexão sobre os riscos de usarmos línguas diferentes querendo um objetivo pouco nobre, o poder para nós mesmos. O poder não é algo ruim. Aliás, o poder não é algo, é processo. É efêmero, é passageiro, é transitório. Alguém que tem a oportunidade de ocupar um cargo de relevância na sociedade precisa refletir sobre o significado do servir. O poder fazer é um ato de coragem. O poder usufruir em causa própria é um ato mesquinho. Somos seres da convivência, necessitamos uns dos outros para o nosso desenvolvimento. Os que carecem de vida interior têm muita dificuldade de compreender o exterior e até o próprio medo.

A pandemia gera ainda mais ansiedade. Há uma diferença entre o medo, que é desencadeado por uma ameaça que é conhecida por mim, de um sentimento que não conheço e que, portanto, não sei de onde foi gerado. O medo de uma barata, por exemplo, faz com que eu saia de perto da barata. O medo de altura faz com que eu fique longe da janela. O medo de alguém ameaçador faz com que eu me tranque em algum lugar ou que eu não saia para o enfrentamento. Eu tenho ação diante desses medos. Já a ansiedade, filha de alguma causa desconhecida, inibe a minha ação e me impede de diminuir o desconforto que ela causa.

Kierkegaard fala de uma ansiedade existencial que se justifica diante das muitas possibilidades da vida. A escolha gera um medo. Quando escolho, renuncio ao que deixei de escolher. A ansiedade faz com que me paralise diante das escolhas que tenho de fazer ou que atropele minha razão nessas escolhas. Quando escolho, ouso. Quando ouso, perco o equilíbrio momentaneamente. Mas, quando não escolho, perco a mim mesmo.

Eu não tenho o direito de renunciar à escolha nem por medo nem por ansiedade. Nem por concessão a outrem. O amor não admite a renúncia da individualidade.

No belo texto de Montaigne sobre a sua amizade com La Boétie, escreve ele:

"Na amizade a que me refiro, as almas entrosam-se e se confundem em uma única alma, tão unidas uma à outra que não se distinguem, não se perdendo sequer a linha de demarcação. Se insistirem para que eu diga por que o amava, sinto que o não sa-

beria expressar senão respondendo: porque era ele; porque era eu."

Porque era ele. Porque era eu. O amor não esmaga uma das partes. O amor plenifica as duas. Quando um amigo deixa de ser ele para ser o outro, a amizade perde a sua substância essencial. Não amamos o outro por interesse, por utilidade. Amamos o outro por ser quem ele é.

Voltemos à coragem de amar e à coragem de deixar de amar. O medo do sofrimento faz, primeiramente, com que eu não queira me arriscar em uma nova ventura. É difícil chegar com os pés descalços em terras desconhecidas. É difícil abrir as portas e receber o visitante que vem chegando. Mas uma vida sem amor tem sentido? É o amor que nos retira da multidão e nos faz únicos. É o amor que me encoraja a permanecer lutando. Como viver sem amor? Então, é difícil autorizar uma nova história, depois de uma dor. Mas é possível. Como também é preciso ter a coragem de dizer adeus. De deixar de extrapolar em vírgulas as pausas desconfortantes de uma história. O ponto final também tem sua utilidade. O medo da solidão, o medo do sofrimento antes do sofrimento, não podem me paralisar em um amor sem amor. A canção de Chico Buarque de Holanda é uma entre tantas que poetizam a dor de amor:

Leve então

O resto desta ilusão

E todos os cuidados meus

Brinquedos dos caprichos

É pena porque foi tão lindo amar

Sentir você sonhar tão junto a mim

Ouvir tanta promessa

Fazer tanta esperança

Para hoje ver lembrança, tudo enfim

Não passou

De um triste desencanto, amor,

E desde então eu canto a dor

Que eu não soube chorar

Desistir é um verbo que não faz parte do vocabulário dos corajosos. Desistir da vontade de viver é abraçar a covardia. Desistimos das causas sem causa, desistimos das lutas que percebemos serem inglórias, porque nos alimentamos de dúvidas e não de teimosia.

É preciso reinventar a coragem nesses novos

tempos. Se a dúvida é bem-vinda nos meios para atingir os nossos objetivos, o objetivo maior não pode ser objeto de dúvida. Imaginem Beethoven, compondo a nona sinfonia, em dúvida sobre a necessidade da música para o mundo. Não é possível. Nem Camões com dúvida sobre o poder da palavra para decifrar a alma humana. É preciso coragem para compreender a razão da existência e para não retroceder, em nenhum centímetro, da decisão inegociável de fazer o bem.

compaixão

O que sinto quando não sinto a dor do outro?

Que sentimentos menores fazem com que eu desperdice a compaixão?

O oposto de compaixão é perversidade ou indiferença?

A perversidade é uma ausência de pensamento ou uma ação inumana. Não é natural que o humano não se compadeça com outro humano. Não é natural que o humano se regozije com a dor, com o sofrimento do humano. Algo aconteceu no desenvolvimento humano que gerou o inumano. A perversidade vai além da indiferença. É uma deturpação de tal ordem que a ação não é boa nem ausente, é presente na destruição do outro. Uma presença sem presença, talvez, se considerarmos que o perverso é desprovido de pensamento, de sentimento. Parece uma negação do pensamento humano, imaginar que ações de profunda crueldade tenham nascido de uma mente que refletiu.

A cultura do ódio ou do preconceito pode levar uma pessoa ou um povo a agir contra outra pessoa ou contra todo um povo. O que sentiam os que arrancavam a liberdade, o sonho, a vida dos escravos? Em portos tristes na África ainda há a memória dos tempos de horror. Na saída da cidade, o "Portal do não retorno" quando o capturado sabia que jamais voltaria à sua terra. Arrancado dos seus na brutalidade da escravidão. Antes, a grande "Árvore do Esquecimento" em que aquele que haveria de partir dava voltas para esquecer o nome, a família, a religião, a pátria para ir amontoado em navios negreiros servir de coisa em outro lugar.

Castro Alves chora a indignação e a dor em poema:

"Senhor Deus dos desgraçados!
Dizei-me vós, Senhor Deus!
Se é loucura... se é verdade.
Tanto horror perante os céus?!
Ó mar, por que não apagas.
Co'a esponja de tuas vagas.
De teu manto este borrão?...
Astros! Noites! Tempestades!
Rolai das imensidades!
Varrei os mares, tufão!

Quem são estes desgraçados,
que não encontram em vós,
mais que o rir calmo da turba.
Que excita a fúria do algoz?
Quem são? Se a estrela se cala.
Se a vaga pressa resvala,
como um cúmplice fugaz,
perante a noite confusa...
Musa libérrima, audaz!...”

São os filhos do deserto,
onde a terra esposa a luz.
Onde vive em campo aberto,
a tribo dos homens nus...
São os guerreiros ousados,
que os tigres mosqueados,
combatem na solidão.
Ontem simples, fortes, bravos.
Hoje míseros escravos,
sem luz, sem ar, sem razão...

O que quer Castro Alves nesse início da quinta parte do poema? Quer que Deus ou o mar ou a natureza limpem a crueldade do mundo? Quer que se levante alguma força contra a força dos homens maus? Quer uma volta ao ontem? *Ontem simples, fortes bravos.* Quer uma compreensão da situação atual em que se encontram? *Hoje míseros escravos, sem luz, sem ar, sem razão.*

Castro Alves grita a dor dos escravos. Grita a sua dor diante da dor dos escravos. Tem, em outras palavras, compaixão.

Em "*Memórias Póstumas de Brás Cubas*", de Machado de Assis, há um episódio que remete à ausência de compaixão mesmo naquele que um gesto de compaixão recebeu. Brás Cubas havia alforriado seu escravo, Prudêncio, e, poucos dias depois, vê uma cena que o deixa profundamente intrigado:

"Um preto que vergalhava outro na praça".

E o novo capitão do mato era exatamente seu antigo escravo. O que fez com que ele não percebesse a dor do outro mesmo já tendo sentido essa dor? O que faz com o homem a sociedade? Estaria correto

Kant ao afirmar que *o homem não é nada além do que a educação faz dele*? Como foram educadas as pessoas que conviviam com a escravidão? Como naturalizar tamanho horror? O mesmo Machado narra em outro conto, Pai contra Mãe, o sofrimento de uma fugitiva escrava em meio à necessidade de um homem branco de obter recursos para criar o seu filho. A lei protegia o homem. A humanidade deveria proteger a mulher escrava. Era ela a parte frágil. Ela nada fez contra ele. Só queria preservar o filho que nascia dentro dela. O seu sofrimento, uma mulher escrava arrastada pelas ruas de uma cidade. Sem nenhuma ação fez com que ela perdesse o filho. "Quem mandou ela fugir"? Diriam alguns sem compaixão.

Há outros crimes contra a humanidade em outros momentos da história.

O que foi o Nazismo? Onde estava a humanidade que se calou diante das atrocidades de um homem que imaginava poder construir uma raça pura em detrimento de tudo o que ele próprio considerava impuro?

O Papa Bento XVI, em Auschwitz, fez seu grito de indignação, à semelhança de Castro Alves, em forma de oração:

"Tomar a palavra neste lugar de horror, de acúmulo de crimes contra Deus e contra o homem sem igual na história, é quase impossível e é particularmente difícil e oprimente para um cristão, para um Papa que provém da Alemanha. Num lugar como este faltam as palavras, no fundo pode permanecer apenas um silêncio aterrorizado um silêncio que é um grito interior a Deus: Senhor, por que silenciaste? Por que toleraste tudo isto?"

Hitler foi eleito. Os alemães foram complacentes com seus crimes contra a humanidade ou não sabiam? Os ingleses que queriam um pacto com Hitler, como franceses e outros povos, sabiam o que ele fazia e mesmo assim, aceitavam por medo e pelo desejo de se protegerem, ou não sabiam?

Os exemplos se seguem no tempo e no espaço. O que fez a Igreja nas Cruzadas? O Castelo de Sant'Angelo, construído por Adriano, transformou-se em uma prisão com as mais terríveis práticas de tortura. O que sente um torturador diante de um torturado? Prazer? Cumpre o seu papel em uma engrenagem social sem refletir? Rezavam antes de torturar um irmão seu. É mister lembrar que, há muito, o cristianismo propagava o conceito de que todos somos irmãos, filhos de um mesmo Pai. Isso está no

Evangelho, está nas ações de Jesus, nos Atos dos Apóstolos descrevendo as primeiras comunidades cristãs. O conceito de que somos todos irmãos está na doutrina teológica e na obra filosófica dos grandes pensadores do cristianismo. Pois bem, com todos esses conceitos absolutamente difundidos, como um irmão se sente torturando outro irmão? Como os irmãos se sentem ateando fogo em outros irmãos? Por que foi mesmo que condenaram e mataram Joana D'Arc?

A pecadora olha apenas para Jesus e os homens ficam em posição de ataque com as pedras nas mãos. A pecadora nada pede, apenas olha. Talvez quisesse ela um último olhar de compaixão antes de morrer. Jesus nada diz, apenas olha para a mulher. E os homens prosseguem incomodados. Acham-se perfeitos, puros. E a mulher é uma impura. E o olhar de bondade dos dois os incomoda. E, então, nascem os discursos:

"Esta mulher foi pega em adultério", "esta mulher e uma pecadora", "manda a lei que seja apedrejada".

E as palavras vão saindo com ódio daqueles homens que queriam purificar o mundo. O que faz Jesus? Não manda que cumpram a lei e nem manda que descumpram a lei. Ilumina a lei de cada um deles que mora na consciência de cada um deles.

“Jogue a primeira pedra, aquele que não tem pecado”.

Há homens e mulheres com pedras nas mãos nos tempos de hoje. Como em todos os tempos. Valem-se dos ódios ditos, presencialmente, e das impurezas que jogam nos meios virtuais. Sem nenhuma compaixão.

As perversidades prosseguem como nos tempos antigos. Ainda há mulheres sendo apedrejadas, de acordo com as leis criadas pelos homens. Ainda há fuzilamentos, de acordo com a lei. Ainda há tortura, geralmente contra a lei. Ainda há crimes bárbaros de covardia, como estupros, espancamentos, exploração sexual de crianças, tráfico de pessoas, escravidão. Tudo isso prossegue no tempo. E o que sente os que estupram, os que espancam, os que exploram, os que traficam, os que escravizam? Essa é a grande questão da compaixão. O que houve com os sentimentos da bondade humana de permitirem tanta dor, tanto sofrimento e deles participar?

Voltemos a Kant e a sua reflexão sobre a educação. Educamos alguém para que possa ser livre, para que possa conduzir sua própria história, sua responsável história. A liberdade de que trata Kant não é uma liberdade insensata, senão poderíamos dizer que os que escravizam ou torturam são livres para assim agir. A liberdade é responsável e é fruto de um processo de formação humana que nos prepara para compreender o dever moral de respeitar o outro e de, contra o outro, nenhum ato empreender.

Kant retoma conceitos de Rousseau que propõe um Contrato Social, que nasce de uma vontade geral, e que leva as pessoas a perceberem o real significado da liberdade. O torturado é escravo do torturador. O torturador é escravo da sua perversidade.

"O homem nasce livre, e por toda a parte encontra-se a ferros."

A mulher que temia ser apedrejada era escrava daqueles homens com as pedras nas mãos. Os homens com as pedras nas mãos, também escravos, das pedras e dos sentimentos inferiores que os inferiorizavam. É escravo o estuprador. É escravo o que escraviza. É escravo o que desperdiça a vida tentando destruir outras vidas.

Prossegue Rousseau, no Contrato Social:

"Visto que homem algum tem autoridade natural sobre seus semelhantes e que a força não produz

nenhum direito, só restam as convenções como base de toda a autoridade legítima entre os homens."

As convenções precisam, entretanto, respeitar o compromisso civilizatório, respeitar o princípio básico de que *homem algum tem autoridade natural sobre seus semelhantes*. Então, nada justifica a existência do senhor/escravo. Nada. E, se a lei assim o fez, desconhecendo esse princípio natural da horizontalidade na relação entre os humanos, errou, abusou do poder, não para servir à causa nobre do bem-comum, mas para justificar o que não tem justificativa. Por que um homem seria superior a uma mulher? Por que um crente de uma religião seria superior a um crente de outra religião? Por que um heterossexual seria superior a um homossexual? Por que um branco seria superior a um negro ? Por que um suíço seria superior a um francês? E se seguem os porquês. Por que um doutor seria superior a um que não teve acesso à universidade? Por que um rico seria superior a um pobre? Por que um presidente de um país seria superior a qualquer cidadão daquele país? As funções ou as responsabilidades podem ser diferentes, mas a verticalidade não é princípio possível nas relações entre humanos.

Prossegue Rousseau:

"Renunciar à liberdade é renunciar à qualidade do homem, aos direitos da humanidade, e até aos próprios deveres. Não há recompensa possível para quem a tudo renuncia. Tal renúncia não se compadece com a natureza do homem, e destituir-se voluntariamente de toda e qualquer liberdade equivale a excluir a moralidade de suas ações."

Nenhum homem pode renunciar a sua liberdade e, por isso, não pode se sentir inferior a outro homem.

"Se quisermos saber no que consiste, precisamente, o maior de todos os bens, qual deva ser a finalidade de todos os sistemas de legislação, verificar-se-á, que se resume nestes dois objetivos principais: a liberdade e a igualdade."

Todas essas citações de Rousseau nos remetem a olharmos o outro do mesmo chão. Ninguém acima, ninguém abaixo. O primeiro passo para compreender o sentimento da compaixão é saber-me tão humano quanto o outro. A mulher que foi descoberta em pecado é tão pecadora quanto eu. Só que eu não fui descoberto, ainda, e ela foi. Ou se não acredito nos pecados descritos em determinada religião, não posso acreditar que outrem tenha pecado. Os que atiram pedras cometem erros semelhantes aos que condenam. E talvez, até por isso, se apressem em julgá-los. Que bom que foi ele e não eu quem foi descoberto. A política está repleta de falsos moralistas. De amigos de ocasião. A justiça, também. É preferível ser julgado por um juiz que se sabe imperfeito do que por um juiz que se coloca em patamar de pureza e superioridade. Nunca nos esqueçamos das atrocidades cometidas por um que quis construir uma raça pura.

Se sabemos a importância de ver o outro como a nós mesmos, de amar o outro como a nós mesmos, se conseguimos, inclusive, apreender os ricos ensinamentos da história do Bom Samaritano - que não tinha as obrigações de cuidar de alguém que sofria, como tinham o sacerdote e o levita, mas que, por compaixão, cuidou,- o que fazer, então? O levita entendia das leis, olhou para o ferido e seguiu o seu caminho, o sacerdote entendia da religião, mas fez o mesmo. O que moveu o samaritano a deixar de lado os seus afazeres para cuidar de alguém que precisava dele? O evangelho não traz detalhes da sua vida, mas a cena basta para nos inspirar.

Aquele homem teve compaixão. E cuidou de quem precisava dele. O cuidado foi uma ação nascida em um sentimento.

O sentimento da compaixão não se restringe à relação entre os humanos. Arthur Schopenhauer, escreveu:

"A compaixão pelos animais está intimamente ligada à bondade de caráter, e pode ser seguramente afirmado que quem é cruel com os animais não pode ser um bom homem."

É a mesma linha de pensamento de Rousseau. Ou se desenvolve a sensibilidade ou se torna insensível. As cenas de crueldade contra os animais são devastadoras. Dos que espancam e torturam aos que abandonam. Dos que se divertem com a dor de um ser inocente aos que se cansam da sua presença. Há muitas imagens de pessoas que, depois de conviver um tempo com o seu cachorro, por exemplo, o abandonam em uma estrada. Geralmente, o cachorro corre atrás do carro, pensando ser, talvez, um equívoco ou uma brincadeira. Equivocados são os humanos que assim agem. Alguém pode dizer que um cão não tem pensamento. E, talvez, não tenha. Mas tem sentimento. Os pensantes, em tese, são os humanos.

Pergunta Guimarães Rosa:

Se todo animal inspira ternura, o que houve, então, com os homens? .

Talvez a resposta seja: não aprendeu a desenvolver os sentimentos.

A compaixão é um sentimento que precisa ser aprendido e exercitado desde sempre. Nas pequenas ações diárias. Nas relações com todos os seres viventes. Na ponte necessária que faço com o outro. Os processos educacionais, familiares ou escolares, que negligenciam a educação dos sentimentos, desperdiçam uma essencial necessidade, ensinar o humano a ser humano. O que se viu, tradicionalmente, foi uma educação que ensinou a força como uma defesa diante dos sofrimentos da vida. Ensinar o homem a não chorar, ensinar o médico a não se emocionar, ensinar o juiz a não ter sensibilidade, ensinar o professor a não se comprometer. Quem somos nós? De uma raça diferente da raça que curamos, que julgamos, que ensinamos? Como não nos comprometermos se somos todos filhos da mesma terra, *húmus*, humildade?

Eu preciso aprender a perceber a força que tem o outro na minha existência. E, com isso, regozijar com as conquistas e sofrer com as derrotas. A derrota não é o resultado de um jogo de tênis ou de uma partida de futebol. A derrota é a escravidão, é a corrupção, é a mentira, é o julgamento injusto. A derrota de um só é a derrota da humanidade inteira. A injustiça que se comete a um é sentida por toda a humanidade.

Nas palavras de Montesquieu:

“A injustiça que se faz a um, é uma ameaça que se faz a todos.”

Vale refletir sobre o poema de Bertold Brecht:

Primeiro levaram os negros,
mas eu não me importei com isso,
eu não era negro.

Em seguida levaram alguns operários,
mas não me importei com isso,
eu também não era operário.

Depois prenderam os miseráveis,
mas não me importei com isso,
porque eu não sou miserável.

Depois agarraram uns desempregados,
mas como tenho meu emprego,
também não me importei.

Agora estão me levando,
mas já é tarde.
Como eu não me importei com ninguém,
ninguém se importa comigo.

O que faço para que as pessoas tenham olhos de ver?

Nessa pandemia, assistimos a cenas terríveis de pessoas desconsiderando pessoas porque não se identificavam com elas. Os mais jovens, como se achavam imunes a consequências mais sérias da Covid-19, não se preocuparam com sua propagação. O velho é tão humano quanto eu. Têm os mesmos direitos que eu tenho e talvez até alguns outros, por sua necessidade. Mas a compaixão vai além dos direitos. É um sentimento que nasce da alma que aprendeu a ver o outro. Falamos, no início, dos perversos e dos indiferentes como os que não desenvolvem a compaixão. Mas é importante que se reflita sobre a perversidade na indiferença. Um juiz, quando sabe que um delegado torturou um acusado e não faz nada, é também perverso. Uma mãe que sabe que seu companheiro violenta sua filha e não faz nada é, também, perversa. Um amigo de um racista é, também, perverso ao conviver naturalizando o crime cometido pelo amigo. Não que os amigos sejam iguais, pelo contrário, a beleza está na diferença. Não que os amigos sejam perfeitos, a consciência da imperfeição é essencial para a convivência humana. A tolerância é um valor notável. Tolerar não é suportar o diferente, é agradecer a diferença. Mas não se tolera o racista, o machista, o homofóbico, o torturador. Não se tolera o que pisa, o que machuca. E não se pode ser indiferente à dor do que foi pisado ou machucado.

Aos que dizem não ter a capacidade de mudar o mundo, que mudem o mundo onde vivem, que mudem o mundo interior, fazendo nascer sentimentos elevados, sentimentos dignos dos humanos.

Érico Veríssimo nos deixou este ensinamento:

"Desde que adulto, comecei a escrever romances, tem-me animado até hoje a ideia de que o menos que o escritor pode fazer, numa época de atrocidades e injustiças como a nossa, é acender a sua lâmpada, fazer luz sobre a realidade de seu mundo, evitando que sobre ele caia a escuridão, propícia aos ladrões,

aos assassinos e aos tiranos."

"Sim, segurar a lâmpada, a despeito da náusea e do horror. Se não tivermos uma lâmpada elétrica, acendamos o nosso toco de vela, em último caso, risquemos fósforos repetidamente, como um sinal de que não desertamos nosso posto."

Que a compaixão nos inspire a enxergar o outro e a expandir a nossa alma para que o outro caiba, para que caibamos todos os outros, diferentes e iguais a mim. Que a invisibilidade não prospere sobre o sorriso, as lágrimas e a ação. Que nenhuma dor nos seja indiferente, como cantava Mercedes Sosa:

Eu só peco a Deus,
que a dor não me seja indiferente,
que a morte não me encontre um dia,
solitário sem ter feito o que eu queria.

Eu só peço a Deus,
que a injustiça não me seja indiferente,
pois não posso dar a outra face,
se já fui machucado brutalmente.

Eu só peço a Deus,

que a guerra não me seja indiferente.

É um monstro grande, pisa forte,

toda forma de inocência dessa gente.

respeito

O que significa a palavra respeito?

Significa olhar mais uma vez. Respeito vem do latim *respectus*, particípio passivo do verbo *respiciō*, cuja formação é *re* (novamente) mais *specio* (espiar, olhar). Quem merece ser olhado, mais uma vez, merece respeito. E quem não merece ser olhado mais uma vez? Quem somos nós para considerarmos suficiente um rápido olhar para decidirmos o que pensamos do outro?

Sawabona é um cumprimento usado na África do Sul que significa, "eu respeito você", "eu vejo você", "eu valorizo você", "você é muito importante para mim".

A resposta a esse cumprimento é *Shikoba*, que significa "então, eu existo para você", "eu existo".

Há relatos sobre uma tradição africana que diz: quando alguém da tribo comete uma falha, eles se reúnem e colocam a pessoa no centro da tribo para que todos os membros possam dizer as coisas boas que a pessoa já realizou nos seus anos de existência. Isso é possível, naturalmente, porque se conhecem, porque um vê o outro. Todos os elogios ajudam a pessoa, que errou, a lembrar a razão pela qual ela existe. Ninguém veio ao mundo para fazer o mal. Ocorre que, por alguma razão, podemos nos perder e é preciso que alguém nos veja, que alguém nos veja, mais uma vez, para nos ajudar a encontrar o sentido da nossa existência. O fato de nos sentirmos vistos, amados, respeitados, nos ajuda a voltar a ser o que, de fato, somos, antes de nos perdermos.

Pensem no impacto do cumprimento "eu vejo você", "eu respeito você", "você é muito importante para mim". E agora pensem nos cotidianos em que nos deparamos com pessoas que não nos veem, que não nos conhecem e até que não nos respeitam. Por que nos respeitariam se não nos conhecem? Só respeitamos quem conhecemos? Se fosse assim, só poderíamos desrespeitar quem também conhecemos. É isso o que acontece? Olhamos apenas uma vez e agredimos. Não olhamos sequer uma vez e espalhamos desrespeitos.

Quando se estuda a educação tribal, a antiga, a estabelecida antes das escolas como conhecemos, percebemos alguns valores essenciais.

A pergunta fundamental que devia ser feita, ainda hoje, era: “o que era importante ensinar?”

E a resposta que eles davam era simples e profunda e extremamente atual: “o que fazia permanecer vivo”, “o que fazia viver junto”.

O que a escola atual pode ensinar hoje para que possamos “permanecer vivos” e “viver juntos”?

Nesses tempos de isolamento, não poucas vezes fui procurado por pais, amigos, querendo saber o que fazer com os filhos. Muitas escolas conseguiram se adaptar rapidamente e proporcionar um aprendizado a distância com plataformas bem desenvolvidas que desafiavam os alunos a empreender trilhas de conhecimento para não desperdiçarem o semestre ou o ano de aprendizagem. Escolas que investiram em professores, que construíram projetos conjuntos, que tinham aparato tecnológico e humano para enfrentar os tempos da pandemia. Outras escolas não tiveram isso. O grande fosso da desigualdade social mostrou mais uma face, a desigualdade tecnológica. Crianças e adolescentes passaram esse tempo sem nenhum suporte que garantisse a continuidade de seus estudos enquanto estavam em casa, impedidos de sair, por segurança das próprias vidas e das vidas de seus entes queridos.

Pois bem, voltemos à questão dos meus amigos que são pais de crianças ou adolescentes. Alguns eram enfáticos dizendo que nada se lembravam, por exemplo, das equações de primeiro ou segundo grau, das fórmulas de trigonometria. Outros falavam das complicações do português, orações coordenadas, orações subordinadas. Outros, davam exemplos das matérias oferecidas para os mais jovens, química orgânica ou inorgânica. Força e velocidade na física. E assim eram os desfiles dos temas daqueles que dos temas se lembravam. Outros, nem isso. Alguns pais haviam estudado esses conceitos e esquecido. Outros não tiveram a oportunidade de estudar. Como, então, ajudar os filhos? Como não desperdiçar o semestre ou o ano?

Voltemos à educação tribal. O que era importante ensinar?

"O que fazia permanecer vivo", "o que fazia viver junto".

Muitos não acreditam nos riscos da pandemia, até porque alguns líderes foram irresponsáveis em seus pronunciamentos e em seus atos. Líderes corretos ou incorretos têm os seus seguidores. Permanecer vivo é uma condição essencial para que se possa viver e viver junto. O silêncio das ruas vinha desse barulho que nos sussurrava: é preciso tomar cuidado para que permaneçamos vivos. Algumas cenas foram profundamente marcantes nesses tempos. Uma delas foi a do Papa Francisco celebrando os dias santos da Semana Santa. A Praça de São Pedro vazia. Aquela imagem dizia ao mundo, "Fica em casa". Fez belíssimas reflexões sobre os heróis do nosso tempo. Fez o papa belíssimas reflexões sobre os que vivem a generosa missão de cuidar de vidas, sobre os que não poupam as próprias vidas e cuidam da saúde dos outros. A Rainha Elizabeth, que fez pouquíssimos pronunciamentos em seu longevo reinado, pediu às pessoas que ficassem em casa. Falou das guerras que já foram vencidas e da esperança de estarmos juntos, novamente, em pouco tempo.

Primeiro, era preciso ensinar a permanecer vivo. Nas tribos antigas, era um ensinamento que garantisse que vencessem as adversidades das tempestades, das feras, dos riscos que levavam à doença e à morte. Permanecer vivo. E permanecer junto. Se os pais, que tanto se preocupavam com o que não sabiam, se apenas se preocupassem com estes dois conceitos tão antigos, "permanecer vivo" e "ficar junto" não desperdiçariam o tempo das aprendizagens. Mas como se ensina na prática esses antigos pensamentos tribais? O valor da vida se conhece vivendo, e vivendo junto. Os que estavam em família tiveram a oportunidade de contar e ouvir histórias, de brincar, de criar uma disciplina para cuidarem juntos da casa, de cozinhar, de cultivar o jardim ou a horta, de contemplar o céu em dias claros e nos outros, também.

Mas isso é diferente de aprender trigonometria? Certamente, é. Mas é aprendizado. E um aprendizado essencial. Leonardo da Vinci, um dos maiores cientistas da história, um artista que pintava a luz na face das suas personagens para representar o significado de terem vindo do céu para iluminar o mundo, não pôde estudar. Era um filho bastardo, em tempos de muito preconceito. Pintou um São João Batista lindo, completamente diferente dos outros pintores, que viam na figura do primo de Jesus tão somente um homem de trajes mendicantes, que vivia no deserto.

Da Vinci dizia:

"a beleza ornamenta a virtude".

Vejam o sorriso da Monalisa ou o perfil único de cada personagem da Última Ceia. Quanta riqueza de detalhes. Onde ele aprendeu tudo isso?

Conta que ele era canhoto. Lembram-se de quantos exercícios medonhos eram utilizados para que o canhoto deixasse de ser canhoto? Dizem que escrevia de trás para frente. Os obstáculos não foram maiores do que ele.

Onde Machado de Assis aprendeu a dar contornos tão geniais às suas personagens? Era ele manco, epilético, gago, nasceu em um morro pobre; era mulato, sofrendo os graves preconceitos todos da época. Não pôde estudar. Tinha uma mãe, que depois faleceu, e uma madrasta que contavam histórias e que povoavam a mente daquele que viria a ser um dos mais geniais escritores da língua portuguesa. Por que até hoje há debates para se concluir se Capitu traiu ou não Bentinho, em Dom Casmurro? Porque a dúvida permeia a narrativa com um traçado tão genial que compete ao leitor a conclusão da história. Ou não. O que queria Machado?

São apenas dois de tantos exemplos de aprendizagens não convencionais. Não estou com isso diminuindo o valor da escola, mas ampliando o valor da aprendizagem. A contação de histórias, que aqueceu tantos lares nesses tempos e que deve continuar a fazê-lo em qualquer ocasião, é uma das ricas experiências de ampliação de repertórios e de desenvolvimento da inteligência imaginativa. Em tempos de linguagens visuais, em que as diversas telas trazem o conteúdo e a imagem, recorrer à antiga prática de contar histórias, é fundamental para que as crianças imaginem o que não veem. Quantos aprendizados há em uma cozinha em que a família está reunida? Do fazer o pão que alimenta ao limpar o que é necessário para que permaneçamos juntos.

Uma das marcas da educação tribal era que os adultos tinham muita paciência com os enganos infantis e respeitavam o seu ritmo próprio. A vida agitada em que vivemos faz com que a paciência seja apenas uma palavra bela, infelizmente, desconectada do que vivemos. Se nem vejo o outro, como terei paciência com ele? Se não percebo suas emoções, seus medos, seus desatinos, como posso ajudá-lo a existir? Em casa, com a convivência mais próxima, muitas famílias experimentaram um reaprendizado de temperamentos e ritmos diferentes. Outras desperdiçaram essa rica oportunidade. Não poucas vezes, ouvíamos relatos de pais que já não aguentavam a convivência ininterrupta com os seus filhos. O barulho atormentava. As perguntas, também. A triste notícia foi o aumento nos índices de violência contra a mulher e contra as crianças, como dissemos.

Durkheim, em "a educação moral', observa que nas sociedades primitivas quase não existiam punições:

"Um chefe Sioux achava os brancos bárbaros por baterem nos filhos"

A coerção da infância aparece nas sociedades em pleno desenvolvimento cultural, como a de Roma imperial, ou da renascença, onde a necessidade de um ensino organizado mais se faz sentir (...) É que à medida que a sociedade progride, torna-se mais complexa, a educação deve ganhar tempo e violentar a natureza, para cobrir a distância entre a criança e os fins a ela impostos.

Olivier Reboul

Os tempos são cruéis quando não enxergamos o outro, na riqueza do que ele é, no seu tempo próprio, na sua singularidade. Errou muito a educação ao desconsiderar a heterogeneidade, ou seja, as diferenças e insistir em uma homogeneização dos educandos e das formas de conhecer. Erram os pais, quando tentam comparar os filhos, quando imaginam que possam ser iguais. A educação tribal era universal e integral, ou seja, todos podiam ter acesso ao saber e abrangia todo o saber da tribo. Porque cada um era importante, porque cada vida importava, porque ninguém podia ser deixado de lado.

Jesus Cristo entendia da riqueza das histórias que ensinavam verdades e, por isso, saía a contar parábolas. Há muitas parábolas que envolvem o tema do respeito. Os Evangelhos de Lucas e Mateus trazem a narrativa da Ovelha Perdida. O Evangelho de João traz a do Bom Pastor. Jesus é o bom pastor. Conhece suas ovelhas pelo nome e as ovelhas o conhecem. O bom pastor expõe sua vida pelas ovelhas e enfrenta o lobo, se necessário, para salvá-las. O mercenário, explica a narrativa, não faria isso, porque não conhece, porque não se importa com as ovelhas. O bom pastor se importa tanto que vai atrás da ovelha perdida, mesmo que tenha muitas outras. Para ele, cada uma importa; para ele, cada uma é única e merece cuidado.

Trataremos ainda do tema da singularidade, mas é disso que, também, se trata essa parábola. Cada um é único, irrepetível, singular e merece todo o respeito por fazer parte da natureza humana. Todas as vezes que desrespeitamos o outro, que o diminuímos, que o reduzimos, desrespeitamos toda a natureza humana.

Pitágoras, filósofo que viveu por volta de 500 a.C. e que cunhou os termos filosofia e matemática, escreveu 72 versos de ouro para explicar aos seus seguidores os caminhos necessários para se levar uma vida reta. Respeitando o outro e a si mesmo. Vamos a algumas delas:

"Honra em primeiro lugar os deuses imortais, como manda a lei.

Depois, os heróis ilustres, cheios de bondade e de luz.

Homenageia, então, os espíritos terrestres e manifesta por eles o devido respeito."

"Honra em seguida a teus pais, e a todos os membros da tua família.

Entre os outros, escolhe como amigo o mais sábio e virtuoso.

Aproveita seus discursos suaves, e aprende com os atos dele que são úteis e virtuosos."

Essas regras iniciais se referem ao respeito essencial às leis da natureza e às pessoas que conosco convivem. Pessoas que podem nos inspirar na suavidade necessária que deve ter nossa vida. Pitágoras também dizia:

"Não faz junto com os outros, nem sozinho, o que te dá vergonha.

E, sobretudo, respeita a ti mesmo."

Estamos falando de um texto de 2500 anos atrás. Já aqui aparece o tema da moral e da ética. Do eu comigo mesmo e do eu com o outro. A ação reta depende do pensamento reto. *Respeita a ti mesmo*. Esse é um conceito que será profundamente trabalhado em toda a história da filosofia. Como vou exigir que o outro me respeite, se não sou capaz de respeitar a mim mesmo? Se não me disponho a me conhecer? Se sou único e irrepetível, é preciso que eu conheça as minhas limitações, que eu compreenda a briga que existe em mim; entre mim e os meus desejos, que nem sempre são bons, e a minha escolha. Prossegue ele:

"*Pratica a justiça com teus atos e com as tuas palavras.*

E estabelece o hábito de nunca agir impensadamente.

O pensamento humano não me levaria ao desrespeito. O problema é a ausência de pensamento. É a impulsividade que diminui a minha humanidade e o meu senso de justiça. Quando sou levado por impulsos menores, sou capaz de causar profunda dor no outro e em mim.

"O que as pessoas pensam e dizem varia muito; agora é algo bom, em seguida é algo mau.

Portanto, não aceita cegamente o que ouves, nem o rejeita de modo precipitado.

Pensa e delibera, antes de agir, para que não cometas ações tolas.

Porque é próprio de um homem miserável agir e falar impensadamente."

Pitágoras insiste no tema do pensar antes de agir. Repete com palavras diferentes o mesmo conceito. Muitos males seriam evitados, se a razão não fosse colocada de lado. Imaginem, hoje, em tempos de rapidez tecnológica, quantos *posts* publicados sem que se tenha sobre eles refletido anteriormente. Quantas agressões, quantos julgamentos precipitados, quantas desatenções. É comum responder uma mensagem, sem ler até o final, com atenção. Pitágoras é cuidadoso, também, ao falar das opiniões alheias. Não as rejeite. Não as aceite. Pense sobre elas.

"Ao deitares, nunca deixe que o sono se aproxime dos teus olhos cansados.

Enquanto não revisais com a tua consciência mais elevada todas as ações do teu dia.

Pergunta: "Em que errei? Em que agi corretamente? Que dever deixei de cumprir"?

Recrimina-te pelos teus erros, alegra-te pelos acertos."

Como ele valoriza o pensamento, nessas regras, ele propõe um exercício diário do pensar, do meditar, do refletir, do usar a consciência. É preciso que, todos os dias, consigamos encerrar e iniciar uma etapa. A vida interior significa uma disposição para o pensamento, para o exame do nosso agir no mundo. Como seres imperfeitos, é possível que, todos os dias, consigamos reconhecer alguns erros. Como seres em construção, é necessário que percebamos as nossas conquistas cotidianas e as celebremos. Prossegue ele sugerindo que avaliemos bem todas as coisas. O mundo é complexo e simples. E é a harmonia que deve nos conduzir a agir por mim e pelo outro com respeito.

Tenho sugerido aos meus alunos que releiam os pensadores clássicos e que reflitam sobre os temas que os inquietavam. Os problemas são semelhantes.

O que é o bem-viver? Como bem viver com o outro? Como faço para limpar de mim os desrespeitos? De todos os tipos. Vejam os aduladores que se proliferam, em todos os tempos, querendo agradar alguém para levar alguma vantagem. Vejam os que se destroem para ocupar algum espaço de importância. Vejam os que riem os risos falsos em descompasso com qualquer tipo de intimidade para que suas vidas possam ser comentadas por outras pessoas. A transparência é muito diferente do exibicionismo. Há um espaço sagrado de proteção de quem eu sou que só a mim interessa.

Nas redes sociais, um tenta copiar o outro, não como uma inspiração de virtudes, mas como um jeito de amainar a carência ganhando mais comentários elogiosos. Dedico-me à insana tarefa de agradar aos que desconheço e tenho medo de sugerir um pensamento único, fruto da minha autenticidade. Posso perder seguidores. O que são seguidores? Quem incutiu em mim essa necessidade de um desempenho cada vez maior em meio a um mar de superficialidades? Quanto desrespeito, a mim mesmo, ser quem não sou para agradar a quem nem conheço. Quanto desrespeito, a mim mesmo, não parar para pensar em quem eu sou. Se não sei quem sou, como posso saber para onde vou? Para onde vou pessoal ou profissionalmente. Quanta infelicidade em vidas sem vida, em escolhas sem escolha, em empurrões que me levam como boiada a um lado ou a outro.

Não vês que somos viajantes?
E tu me perguntas:
Que é viajar?
Eu respondo com uma palavra: é avançar!
Experimentais isto em ti:
Que nunca te satisfaças com aquilo que és.
Para que sejas um dia aquilo que ainda não és.
Avança sempre! Não fiques parado no caminho.

Esses ditos de Santo Agostinho nos levam a uma reflexão essencial, por respeito a mim mesmo, tenho que avançar, tenho que vencer o medo paralisante, tenho que levantar do lugar que percebo que não é meu e ir em busca do meu lugar no mundo. Sem egoísmo. Meu lugar no mundo não é um conceito de uma possessividade avarenta. Meu e de mais ninguém. Não é a falsa visão de que minha raça ou minha religião ou minha posição social me colocam em algum lugar de superioridade.

O pensamento aristocrático, há muito, foi vencido por uma visão humanista, naturalmente mais ampla.

A divisão entre senhor e escravo ou suserano e vassalo não encontra mais eco na sociedade contemporânea. Ainda há alguns que vivem de uma síndrome Casa Grande e Senzala, insistindo na antiga e odienta forma de ver o mundo. O meio ambiente do trabalho precisa repercutir os conceitos tão caros de dignidade e respeito. É a compreensão de que eu e o outro precisamos viver, vencendo a nossa solidão para estarmos acompanhados. Se nos respeitarmos não daremos ao outro a autorização para nos diminuir . E saberemos exercitar o corajoso ato de amar ou de deixar de amar.

Já lhe dei meu corpo, minha alegria.
Já estanquei meu sangue, quando fervia.
Olha a voz que me resta
Olha a veia que salta
Olha a gota que falta
Pro desfecho da festa
Por favor
Deixe em paz meu coração
Que ele é um pote até aqui de mágoa
E qualquer desatenção, faça não
Pode ser a gota d'água.

Nas veias poéticas de Chico Buarque de Holanda, a canção de uma peça de teatro que falava de sofrimento e abandono, de dor de amor e de amor sem amor. Nas histórias de amor sem amor, é preciso partir. Nas humilhações, também. Ninguém tem o direito de reduzir o outro por razão alguma. Aliás, a razão é o humano jeito de elevar a nós mesmos e às outras pessoas, porque da razão nascem muitas compreensões, inclusive aquela que me ensina a respeitar como sou e respeitar o outro, como ele é. Diz Clarice Lispector:

"*E se me achar esquisita,*
respeite também.
Até eu fui obrigada a me respeitar."

liberdade

O que é a liberdade?

Como conciliar a minha liberdade com a liberdade do outro?

O que aconteceria se um homem encontrasse um anel que, quando girado, desse a ele o poder de se tornar invisível? O que ele faria? Que uso faria da liberdade de ser, inclusive, invisível? Esse é o tema do Livro II da República de Platão, quando o filósofo se debruça sobre a questão da justiça e da injustiça. E sobre o papel das cidades para educar os homens para que, livremente, percebam a importância da justiça. No início do diálogo, os argumentos de que a injustiça é mais forte do que a justiça parecem vencer. Só se faz a justiça porque se tem algum benefício com isso, e não por um exercício da liberdade humana. A injustiça parece trazer mais benefícios, porque os limites que me são impostos pela justiça tiram de mim muitas possibilidades. O mito de Giges sobre o anel invisível é a prova disso.

Um pastor encontra um cadáver e, no dedo desse cadáver, um anel. O brilho do anel chama a sua atenção, e ele pega o anel e o coloca no dedo. Giges era um pastor e, em uma reunião de pastores, percebe que, ao girar o anel, tinha o poder de ficar invisível. Ele fica fascinado com a descoberta e começa a traçar sua estratégia para fazer tudo o que bem entendesse. Sem limites, Giges invade o castelo, rouba, mata e se casa com a esposa do rei. Ele foi livre para fazer tudo o que quisesse?

O que é a liberdade na perspectiva platônica? Platão fala de dois mundos. Um ideal e um real. O ideal é o perfeito; o real, o que vivemos, é claudicante, é errático, porque nossas emoções acabam comandando nossa razão. A alma é a inspiração da liberdade, mas está presa a um corpo, preso a desejos. Giges não foi livre. Só se é livre, quando a razão domina os desejos. Imaginem um cocheiro que conduz uma carruagem. Há dois cavalos. Os dois são desobedientes. Um dos cavalos é o cavalo da concupiscência, o outro é o cavalo irascível. Tanto a concupiscência como a ira devem ser controladas pelo cocheiro, que é a razão. A concupiscência, que é o desejo, é mais difícil de ser controlada do que a ira, que é a agressividade. O desejo é sorrateiro. A paixão é Eros, um deus brincalhão, filho de Poros e de Pênia, respectivamente, do engenho e da pobreza ou da força e da mendicância.

Um deus belo que tem um lado forte, engenhoso, radiante e um outro, profundamente sofrido, que busca de qualquer maneira alguma retribuição. É assim a paixão, na visão platônica, uma força que escraviza. A história é permeada de dolorosos embates da paixão. As músicas de sofrência há muito fazem sucesso. As dores da paixão são terríveis, porque Eros costuma usar a flecha para marcar seu brincalhão jeito de decidir. Nossos desejos são rebeldes. Não temos poder sobre eles. Não decidimos quando e por quem nos apaixonaremos. E nem decidimos quando deixar de amar. É o famoso verso de Camões:

"Amor é fogo que arde sem se ver;
É ferida que dói, e não se sente;
É um contentamento descontente;
É dor que desatina sem doer.

É um não querer mais que bem querer;
É um andar solitário entre a gente;

É nunca contentar-se de contente;

É um cuidar que se ganha em se perder.

É querer estar preso por vontade (...)”

Quem quer *estar preso por vontade*? Quem deu autorização para o fogo da paixão arder a nossa razão e roubar a nossa escolha? O desejo é o senhor de si mesmo. Como se trata de uma ferida, quem está apaixonado se esquece de qualquer outro pensamento a não ser o pensamento que pensa no objeto amado. Se Giges se apaixonou pela mulher do rei e fez o que fez para ficar com ela, não o fez livremente, fez-se escravo da paixão. Se, se apaixonou pelo poder de reinar sobre seu povo e ter todos os benefícios a seu favor, também não foi livre. Se a escolha de fazer o que fez se baseou no ódio ao rei e então agiu com a agressividade necessária, também não foi livre. Então, além de controlar qualquer forma de agressividade, é preciso não mais se apaixonar para viver a liberdade?

Platão fala em outras formas de amor, a amizade é uma delas. Mas sobre isso trataremos em outro capítulo. Aqui nos cabe refletir sobre esses dois cavalos rebeldes que atrapalham a carruagem de seguir livremente o seu caminho, a paixão e agressividade.

A agressividade é, também, escravizante. Falamos sobre isso quando tratamos do tema respeito. O ódio é emburrecedor. Deixamos de lado a possibilidade de pensar e nos permitimos ser conduzidos por ódios. Vamos acompanhando os discursos de ódio ou as informações que geram ódio em nós. Isso porque nos falta uma peneira de depuração do que é a verdade, do que é o equilíbrio, do que é, inclusive, a falibilidade humana. Somos seres em construção, acertamos e erramos, causamos dor nos outros e em nós mesmos, mas temos a força da cicatriz do pensamento, para deixarmos de pensar nas feridas.

Vejam o que significa a vingança, na perspectiva da liberdade. Eu deixo de olhar para frente, eu deixo de ter utopias, sonhos grandiosos, para me preocupar com algo que aconteceu no passado e que me faz querer dar o troco. É livre quem assim age ou escravo do próprio passado?

Vamos nos valer de um dos estoicos, Epicteto, para nos aprofundarmos mais nessa prisão ao passado que nos tira a liberdade e nesse medo do futuro, pelas escolhas erradas que fizemos e que, também, nos impedem de viver plenamente o presente.

Epicteto foi escravo e, depois de liberto, notabilizou-se pelos seus discursos, que queriam dar ao homem a liberdade interior. Para isso, propõe ele, que o homem domine a si mesmo como condição de pensar com clareza e se relacionar com o mundo onde vive.

Ser livre, segundo ele, é reconhecer com ampla compreensão que algumas coisas estão sob o nosso controle e outras, não. Tentar mudar o que não podemos só resulta em aflição e angústia. Nossos desejos são déspotas impacientes, buscam satisfação imediata e nos apequenam diante do que somos.

Vamos a algumas citações recuperadas de Epicteto:

"Nunca dependa da admiração dos outros. Não há força nisso."

"Existem tempo e lugar certos para diversão e distração, mas nunca permita que elas se sobreponham aos seus verdadeiros objetivos pessoais (...) Distrair-se com bobagens é a coisa mais fácil do mundo.

Quando houver um acontecimento imprevisto, não reaja impensadamente: volte-se para seu íntimo e pergunte a si mesmo de que recursos dispõem para lidar com aquilo."

"Se você sofreu uma agressão verbal, recorra à paciência."

"O indício mais seguro de uma vida superior é a serenidade."

Esses ensinamentos de há mais de 2000 anos, trazem uma reflexão profundamente atual sobre o tema da liberdade. É escravo quem depende da opinião dos outros. Já falamos sobre isso quando tratamos do respeito e nos recorremos a Pitágoras, que é anterior a Epicteto. É escravo quem reage impensadamente a um acontecimento imprevisto. A liberdade está no voltar-se para si mesmo e perguntar-se a si mesmo quais os recursos necessários para não permitir que o ódio ou que o desejo possa comandar uma reação em uma situação indesejada. A liberdade está na paciência e na serenidade. Que em outras palavras é a força moral do cocheiro de Platão, comandando os dois cavalos, parte irracional do homem.

Prossegue Epicteto:

"Pense em sua vida como se ela fosse um banquete em que você precisa se comportar com elegância. Quando lhe passarem as travessas, pegue-as e sirva-as de quantidades moderadas. Se uma travessa

não lhe for passada saboreie o que já está em seu prato. Ou, se a travessa ainda não chegou às suas mãos, espere pacientemente sua vez."

"Não pratique sabotagem contra si próprio, adotando inconscientemente atitudes negativas e improdutivas pelo seu contato com os outros.

Você se torna aquilo em que pensa."

Vejam o repertório de um homem que viveu a escravidão e que consegue penetrar profundamente na alma humana para cultivar, na alma humana, o que ela tem de melhor. *Não pratique sabotagem contra si próprio... você se torna aquilo em que pensa*. O tema autossabotagem é recorrente na história do pensamento. E é uma grande forma de escravidão. Poderíamos voltar à discussão da paixão e da dor causada em nós, por nós mesmos, quando não experimentamos construir o alicerce da nossa alma antes de convidarmos alguém a fazer parte da nossa morada. Enlaçamo-nos erroneamente em projeções e expectativas, em cobranças desnecessárias e nos perdemos no outro por não termos encontrado a nós mesmos.

"A liberdade é o único objetivo que tem valor na vida. Nós a conquistamos deixando de lado as coisas que estão fora do nosso controle. Não podemos ter o coração leve se nossa mente é um poço lastimável de medos e ambições."

Eis o centro do pensamento de Epicteto, *a liberdade é o único objetivo que tem valor na vida.* Os medos e ambições só fazem diminuir o espectro da liberdade.

O pensamento de Epicteto vai na mesma direção do pensamento de Platão. Ou o homem compreende o que o escraviza e age ou ele desperdiça o único objetivo da sua vida, a liberdade. Os tempos de pandemia são tempos em que muitas reflexões surgem sobre a liberdade. Não tenho mais o direito de sair de casa? Não tenho o direito de ir para onde quero? Não posso sequer sentir a liberdade de entrar no mar? Até a praia, fecharam? Sou obrigado a obedecer? Se sou obrigado a obedecer, sou livre?

Immanuel Kant faz uma distinção entre a liberdade insensata e a liberdade racional. O insensato age, em nome da liberdade, contra a própria liberdade. O racional vence a menoridade de ser tutelado por razão alheia ou de ser comandado por desejos menores e atinge o esclarecimento de encontrar a verdadeira liberdade. E, para isso, defende o comportamento moral:

"Duas coisas me enchem a alma de crescente admiração e respeito, quanto mais intensa e frequentemente o pensamento delas se ocupa: o céu estrelado sobre mim e a lei moral dentro de mim."

Ser livre não é fazer o que quero inconsequentemente. Ser livre é usar o pensamento, ser livre é compreender que os impulsos que tenho representam a parte mais frágil do que sou. Um animal responde a agressão de outro animal, agredindo. É esse o material de que ele dispõe para defender sua própria vida. O ser humano tem o pensamento que é a arma mais eficaz para combater quem nos agride, a começar de nós mesmos. Nós somos os nossos agressores.

Voltemos a Epicteto:

"Não podemos ter o coração leve se nossa mente é um poço lastimável de medos e ambições.

Como faço para mudar o comando? Como faço para perceber que o que penso ser o meu pensamento é profundamente destrutivo? Como faço para não sabotar a mim mesmo? Seria fácil se pudéssemos comandar o nosso pensamento como comandamos o nosso corpo. Quando eu digo para minha mão, que digite essas palavras que quero compartilhar com vocês, o comando é simples e a resposta, também. Quando digo às minhas pernas que me levem até a cozinha para tomar um café, parece não haver nenhuma dificuldade para que o comando seja obedecido. Dizer à minha mente que pare de pensar em alguém que me faz mal, dizer que esqueça a ofensa que alguém me fez, dizer que se liberte de sentimentos menores não é tão simples. Então, o que fazer?

Jean-Paul Sartre, filósofo existencialista, chega a dizer que a liberdade é uma condenação. É difícil escolher se se é livre. Se alguém escolhe por nós, é mais cômodo, se o destino decide a nossa vida, é mais simples. Mas se o resultado das nossas ações depende das nossas escolhas, a angústia fará sempre parte da nossa vida. A toda escolha, há uma renúncia. E a angústia, na visão sartreana, não é um mal, é uma necessidade da existência, é um exercício da mente livre. Se não nos angustiarmos, não experimentaremos os resultados das nossas escolhas. Se atribuirmos aos outros a responsabilidade pelos nossos atos, buscando amparo, não conseguiremos perceber os nossos erros nem celebrar as nossas conquistas.

Há uma carta de 1854 de um escravo, Isaac Forman para William Still, um "condutor" que auxiliava os escravos na fuga. Isaac era da Virgínia, nos Estados Unidos, e conseguiu fugir para o Canadá, deixando sua esposa, para que fugisse em outra empreitada. O que parece não ter acontecido. Vejamos trechos da carta:

"Minha alma está perturbada, minhas preocupações são indescritíveis. Com frequência me sinto como se quisesse morrer. Preciso encontrar minha mulher em breve, senão eu vou morrer. O que eu não faria para isso, nenhum idioma é capaz de expressar. Apenas para contemplar seus lábios doces por um instante estaria disposto a morrer em seguida. Estou decidido a encontrá-la em algum momento. É deplorável sequer imaginar voltar a ser escravizado. Espero que o céu sorria para mim mais uma vez, antes que eu volte a ser um novamente. Em breve deixarei de novo o Canadá, mas não digo para onde vou, talvez ao fundo do oceano. Se, quando fui embora, eu soubesse o que sei hoje, não teria partido antes de encontrar meios de trazê-la comigo."

A alma está perturbada por ter feito uma escolha, em princípio livre. As informações que ele tinha antes da fuga fizeram com que ele decidisse fazer o que fez. A angústia levou à ação. Mas o tempo pode trazer outras informações sobre as decisões do passado. *Se, quando fui embora, eu soubesse o que sei hoje, não teria partido antes de encontrar meios de trazê-la comigo*. É difícil saber o que acontecerá conosco depois das decisões que tomamos. Terminar uma história de amor é profundamente complexo. Talvez o tempo nos traga outras informações e nos mostre que estávamos enganados. Deixar um trabalho, mudar de cidade, trocar de profissão. O tempo todo temos decisões a serem tomadas e somos nós, e não outros, que devem decidir.

"Estou decidido a encontrá-la, ainda que morra em seguida. Posso dizer que já fui feliz, mas nunca mais serei de novo até vê-la; pois o que é a liberdade para mim se sei que minha esposa é escravizada?"

Olhar para o passado, refletir sobre o passado me ajuda a tomar as decisões necessárias para o futuro. Não um passado que me aprisiona, mas um passado que me ensina. O que era escravo e que se libertou concluiu que não há liberdade longe de seu amor.

A decisão tomada gerou consequências. Todas as decisões tomadas geram consequências. E, ao mesmo tempo, trazem renúncias. Fugir representou uma renúncia. Foi melhor? Foi pior? Talvez o tribunal mais eficaz para essa decisão seja o tribunal da razão. Embora, não seja simples saber se estamos, de fato, usando da razão, ou de algum artifício dos nossos caprichosos desejos.

Sartre escreveu uma peça de teatro chamada "Entre quatro paredes" em que três personagens convivem em um espaço que metaforicamente seria o inferno. São eles: Garcin, Inês e Stelle. A trama entre eles é muito instigante. Um busca no outro a projeção da própria felicidade. E, exatamente por isso, nenhum deles será feliz, daí a frase sartreana: "*o inferno são os outros*". A culpa não é do outro, a culpa é minha por projetar no outro a minha realização.

Há uma grande diferença entre esperança e expectativa. Esperança, como vimos, é uma ação humana nobre, um olhar humano que me faz inquieto e corajoso para mudar o que precisa ser mudado em prol da humanidade. Expectativa é um capricho do meu desejo que quer que o outro seja o que eu necessito para ser feliz. O outro é o outro e, por mais que ele me ame, não é um complemento da parte que falta em mim. Podemos, juntos, construir livremente uma linda história de amor, mas sem renunciar ao que somos. Logo no início de "Entre quatro paredes", Garcin, que ainda está sozinho com o Criado, antes das outras personagens entrarem, percebe duas ausências: o interruptor de luz e as pálpebras. Nunca mais deixará de ser dia, nunca mais haverá escuridão e, ao mesmo tempo, nunca mais poderei fechar os meus olhos. O piscar, dizia ele, era uma interrupção. E, agora? Como vou viver sem interrupção?

"Das suas pálpebras. A gente abria e fechava; isso se chamava piscar. Um pequeno clarão negro, um pano fundo que cai e se levanta, e aí está a interrupção. O olho fica úmido, o mundo desaparece. Você nem imagina o alívio. Quatro mil repousos em uma hora. Quatro mil pequenas fugas. E quando digo quatro mil... Então, vou ter que viver sem pálpebras? Não se faça de bobo. Sem pálpebras, sem sono, é tudo a mesma coisa. Nunca mais vou dormir... Mas como é que vou aguentar? Tenta compreender, faz um esforço: eu sou muito implicante. Veja você, tenho o costume de implicar até comigo mesmo. Mas, agora... agora não posso ficar implicando sem parar: do lado de fora de lá, havia as noites. Eu dormia. Tinha o sono leve, mas, em compensação, tinha sonhos simples. Era um campo... um campo, só isso. Sonhava que estava passeando por ele. É de dia?"

O desabafo de Garcin, no texto de Sartre, traz sua concepção de liberdade e de conhecimento. Não decido deixar de conhecer. Quando conheço, não posso desligar. Imaginem alguém que abre um exame médico e que descobre uma doença muito séria. Seria possível esse alguém esquecer e pensar, "vou dormir como se eu não soubesse que estou doente"? Ou alguém, que recebeu a comprovação de que está sendo traído, teria como dizer para si mesmo "faz de conta que eu não estou sabendo"? Ou outra informação qualquer que tenha para mim algum significado. Como faço para desligar o interruptor da luz do conhecimento?

Não faço, dizia Sartre. Não há como. Então, não sou livre? Se não posso comandar o que fica e o que sai de mim, então, não sou livre?

O que é a liberdade?

Cecília Meirelles poetiza:

"Liberdade é uma palavra que o sonho humano alimenta, não há ninguém que explique e ninguém que não entenda."

Entendemos o que é a liberdade, mas não conseguimos explicar. É isso?

Os sambistas Niltinho Tristeza, Preto Jóia, Vicentinho e Jurandir compuseram a canção carnavalesca cujo refrão é:

Liberdade, liberdade!
Abre as asas sobre nós
E que a voz da igualdade
Seja sempre a nossa voz

Era o centenário da abolição da escravatura e as escolas de samba do Rio de Janeiro levaram para a avenida a liberdade de ver livres todos os nossos irmãos. Então, liberdade é igualdade?

Pensadores da Justiça como Kelsen e Bobbio não enxergam a liberdade longe da igualdade. Bebem eles na fonte de Rousseau, que já citamos quando tratamos da compaixão. Estamos acorrentados, porque desconsideramos quem somos nas nossas relações com o outro. Vivemos de comparações e projeções, vivemos de desejos desnecessários e, com isso, vamos nos acorrentando.

Eu posso viver em uma prisão e ser livre e posso andar pelas ruas escravo do meu ódio e dos meus desejos. Eu posso estar em uma cama de hospital, privado do prazer de ir para onde desejo e ser livre, e posso estar em uma festa, escravo do que nem sei.

Ser livre, então, não é fazer o que quiser ou não obedecer a ninguém. Ser livre é algo mais profundo. Exige conhecimento e simplicidade. Exige compreensão da vida interior e das muitas vidas que comigo convivem. Não importa que eu não tenha um interruptor de luz que apague o que eu gostaria que fosse apagado da minha mente, o que importa é o que eu faço com as informações que estão na minha mente, iluminadas por essa luz que nunca se apaga. Como eu elaboro as minhas emoções, como eu compreendo as minhas fragilidades, como eu decido, além daquilo que, momentaneamente, me traz algum prazer. Eu não preciso negar os prazeres, só preciso dizer aos prazeres quem manda em quem. Como eu não preciso negar as coisas, eu posso possuir coisas, posso inclusive ter riquezas, mas, vez ou outra, é bom que eu diga para as minhas riquezas "eu mando em vocês" e não o contrário. A liberdade é a capacidade de compreensão de que nenhuma coisa pode ter o poder de me escravizar. Nem mesmo uma pessoa.

A pausa que a humanidade viveu também foi um tempo propício para pensar no essencial e no acidental da vida. Os acidentes acontecem sempre. Mas só terão muita importância se muita importância dermos a eles. Um prato que cai e quebra é apenas um prato que cai e quebra. Uma vida é grandiosamente uma vida. Um corte de cabelo mal feito é apenas um corte de cabelo mal feito. Uma vida é grandiosamente uma vida. Liberdade é ver além, além dos cômodos, dos meus objetos e dos incômodos dos meus desejos. E ver o amanhã que existe como fruto das minhas escolhas, as corretas e as desajeitadas. A liberdade social é o fundamento da liberdade individual. Quando não sei para onde ir, é melhor pensar no lugar em que a igualdade faz com que nos respeitemos mutuamente, sem prejulgamentos nem preconceitos, sem discursos de superioridade ou inferioridade. Simplesmente humanos, portanto, livres.

Caminhar com os próprios pés é uma decisão e um hábito. É um hábito que vence o hábito de jogar no outro a culpa das minhas quedas.

Ainda Sartre:

"Não importa o que fizeram de mim, o que importa é o que eu faço com o que fizeram de mim."

Até certo ponto na nossa vida, podemos viver de desculpas. Os erros tendem a serem justificados por tantas influências erradas que tivemos. Mas chega um certo momento que é preciso elaborar, que é preciso deixar de reclamar, que é preciso viver, livremente viver.

singularidade

Quem sou eu, neste mundo tão grande?

Sou igual a todos. Sou diferente de qualquer um que já existiu, que existe ou que existirá. Paradoxal? Não. Complexo. Fazemos parte de uma mesma humanidade e, ao mesmo, tempo, somos únicos, irrepetíveis.

O que nos faz iguais, iguais a todos os outros, e o que nos faz únicos, diferentes de todos os outros?

No tema da liberdade, falamos também da igualdade. A igualdade é um princípio fundamental para a justiça e para o desenvolvimento da vida social. E é papel da política estabelecer medidas para que ninguém fique para trás, para que se compreenda o valor inegociável de cada cidadão, igualmente protegido pelas constituições e pelas leis que visam à garantia de um bem-estar social coletivo. Em termos de políticas sociais, a ação do Estado para combater as desigualdades é tão vital quanto a existência do próprio Estado. Se vivemos em sociedade é exatamente para que possamos ser protegidos pela sociedade, para que as desigualdades naturais sejam resolvidas em convenções que tragam a tão necessária paz para os indivíduos e nações.

Viver em sociedade não é apenas uma decisão livre, é uma necessidade. Somos animais sociais. Incapazes de nos desenvolvermos isoladamente. Se alguém de nós não cuidar, pereceremos. Comparem a autonomia de um bebê com a autonomia de um outro animal. Vejam um peixe ou um pássaro ou mesmo um cachorro. Rapidamente, conseguem encontrar os meios de sobrevivência. E um bebê? Não faz nada sem o outro. É ontologicamente social. E todo o seu desenvolvimento requer cuidado humano, social.

Somos igualmente dependentes uns dos outros.

Pico Della Mirandola, renascentista considerado precursor do humanismo moderno, afirmava:

"Que grande milagre é o homem."

Porque é um ser gigante de possibilidades. *Dentre as criaturas o homem é um interposto; descende das superiores e, soberano das inferiores.*

Porque é único, porque é capaz de compreender o que os animais não são capazes, porque é capaz de projetar antes de fazer, de mudar, de ressignificar.

Logo, o supremo Deus, Mestre Arquiteto de tudo que faz no mundo, o venerável templo da divindade, o constituiu com leis da arcana sapiência.

O homem é um ser especial na criação. Pico Della Mirandola dialoga o profundo sentimento teocêntrico da Idade Média com os novos tempos do Renascimento. Sem perder o aspecto religioso, coloca o homem no centro das questões do conhecimento.

Finda a obra, o Artífice desejou apreciar a razão de tanto trabalho, alguém que pudesse amar a beleza de toda criação e admirar sua grandeza.

O homem, como escrito no Livro do Gênesis, vem depois de toda a obra terminada.

"Nestas circunstâncias, ao homem, obra à priori indeterminada, após alocado no centro do universo, o Criador falou:

"Não te dei, Adão, um aspecto que lhe seja único, nem um lugar para assentar, nem um dom peculiar, para que tua face, teu lugar, teu dom, deseje-os, conquiste-os e os possuas segundo teu juízo e tua decisão."

Nada está pré-determinado ao homem. Nada de asas ou de garras ou de nadadeiras ou de forças que o defendam pelo físico.

As naturezas outras são pré-definidas e contidas em nossas leis.

Tu, não submetido a quaisquer limites, só mercê do arbítrio que em tuas mãos coloquei, definas a ti próprio.

O conceito de livre-arbítrio, o homem tem o poder de definir a si mesmo. É ele o comandante da sua própria história.

"No centro do universo, poderá apreciar tudo que está a sua volta."

Porque dotado de razão, porque dotado da capacidade de observação, os homens têm olhos de ver.

"Dado teu alvitre, poderás degenerar até os desarrazoados inferiores, ou se aproximar dos superiores divinos se tua consciência regenerar."

Aqui está o grande problema da liberdade. Podemos desenvolver virtudes que nos elevem ou vícios que nos lancem ao precipício dos arrazoados, daqueles que, mesmo tendo razão, não se utilizam dela..

'Como define os caldeus: o homem é um animal de natureza alterável, multiforme e inconstante."

Dos caldeus, nasce Abraão que será o pai das três grandes religiões monoteístas, o judaísmo, o cristianismo e o islamismo. Abraão recebe de Deus a promessa de que teria uma descendência mais numerosa do que as estrelas do céu e as areias do mar. A natureza humana se altera, o que a satisfaz por um tempo perde o sentido em outro tempo. Um animal é constante nos seus hábitos. O ser humano, animal racional, não.

"Para entender que nascemos com a suprema condição de escolher ser o que almejamos, é necessário refletir com zelo, dado não avisem que dessa honraria não apercebamos a transformação em ímpios, insensatos e estúpidos."

É o grande problema da liberdade. Por isso, como vimos, Sartre a tratava como condenação , como exigência de nossa humanidade. Ser livre significa ser dignificado pelos ditames da razão ou ser transformado em ímpio, insensato e estúpido.

"Pais é indubitável que em nós exista várias formas de discórdias; em nossos lares ela é mais grave que em guerras civis."

O primeiro contato com a multiplicidade de possibilidades humanas está na família. As primeiras informações, os primeiros acessos ao bom e ao que não é bom. A preparação dos amanhãs se dá na família.

"Destas, certamente consta a máxima: nada em demasia; regra e norma que corretamente preserve razões moderadas para cada virtude, do que trata a moral."

Todo esse desenvolvimento do raciocínio de Pico Della Mirandola, presente em seu Discurso pela Dignidade do Homem, de 1486, parte da liberdade humana, diferente da programação dos animais para chegar a um conceito amplamente difundido pelos pensadores gregos: nada em demasia.

Pico Della Mirandola, tinha 23 anos quando escreveu esse e outros textos que vão influenciar autores como Rousseau, Kant e Sartre no desenvolvimento do tema da liberdade humana. O homem está fora das programações da natureza. O homem vai além, por decisão do próprio Criador. Entretanto, quis o Criador, que esse além dependesse da decisão do próprio homem.

No mito de Prometeu e Epimeteu, presente no diálogo de Platão, já havia essa ideia de que Deus criou todos os animais com dons e forças específicas para viver e se defender, e que quando chegou à criação do homem, já haviam se esgotados os dons, e para superar, então, a carência do homem, Deus dá a ele a liberdade. Os homens não têm asas para voar, não têm nadadeiras para nadar, não têm garras para lutar, não conseguem subir em árvores, etc. Ao contrário, então, dos animais, cheios de dons, mas restritos a esses dons, os homens nascem livres. Fazem, assim, a sua história. E nessa história precisam compreender a força da razão que vai além de todas as formas de vida animal. Por isso, repetindo os gregos, Picco Della Mirandola fala em *nada em dem*asia. Voltemos a esse ponto, porque ele é fundamental para desenvolvermos um pouco mais a ideia de igualdade, antes inclusive, da singularidade.

Húbris é o termo grego que traduz a ganância, o orgulho, a falta de medida do homem. Como não há limites para o homem, dado por seu Criador, cabe ao homem criar o seu próprio limite, compreendendo inclusive, sua relação com os outros homens. Se tenho um pedaço de bolo para ser dividido entre cinco pessoas, e a primeira pessoa come o bolo inteiro, as outras quatro ficarão sem comer. Mas, por que a primeira pessoa fez isso? Ela não sabia que o bolo precisava ser dividido? Talvez, não soubesse. Talvez, ninguém a tivesse educado para que olhasse ao redor e visse as outras pessoas que estavam ali para, também comer o bolo. Talvez, não tivesse essa pessoa que comeu o bolo todo aprendido a ver. Ou, talvez, alguém tenha ensinado a desconsiderar os outros e se fartar comendo o bolo inteiro.

Há muitos “talvez”. E assim, surgem muitas teorias para explicar a ganância ou a ambição do homem. Por isso, que Sartre, em sua linha existencialista nega que o homem tenha uma essência determinada, afirmando que tudo vem da forma com que constrói a própria existência. E essa forma é única. E depende de vários fatores iniciais, de várias influências sociais, para depois depender unicamente dele, de sua liberdade.

Húbris é o exagero, é a destruição da natureza da qual o homem faz parte, ou do próprio homem, por ambição. E é essa ambição que gera todo o tipo de guerra. Os ambiciosos não compreendem o conceito da igualdade. Conceito que é de mais fácil compreensão quando falamos em necessidade.

Todos os seres humanos necessitam igualmente de água ou de ar ou de alimento. O início da compreensão da vida social é basilar a consciência de que na sociedade só é necessário o necessário. O resto é supérfluo. O que é, então, o necessário?

Um dos aprendizados da pandemia é a visão da grande chaga da desigualdade. Quando se fala em isolamento social, quando se informa que um caso suspeito deve ser levado ao isolamento em um dos cômodos da casa, para que não se contamine os outros membros da família, desconsidera-se que milhões de famílias vivem em apenas um cômodo. A desigualdade digital é outro grito. Milhões de alunos estão sem aula, por não terem acesso aos meios tecnológicos. O tema do saneamento é outro, como lavar as mãos e cuidar de outros fatores de higiene em lugares sem água tratada e com esgoto descuidado? O direito a ter direitos é um pressuposto básico da justiça contemporânea. Por que alguns têm tanto e outros nada têm?

A singularidade vai além da igualdade. A singularidade fala em possibilidades, enquanto a igualdade requer resultados. Sem igualdade, como se falar em singularidade? É como a discussão de meritocracia. Como julgar por mérito aqueles que partem de lugares diferentes na corrida do sonho de vitória da vida? Enquanto alguns ficam entediados com as séries de televisão que veem em suas confortáveis casas, outros não têm tempo para o tédio, porque ocupam esse tempo preenchidos com a necessidade. A igualdade é clara nas distâncias sociais e é, também, clara na biologia da vida. Pelo princípio da igualdade, extrai-se a irrefutável verdade de que todos vamos morrer. Mas, pelo princípio da singularidade, cada um morrerá de uma maneira. E, melhor ainda, cada um viverá de uma maneira.

Santo Agostinho, na obra "Cidade de Deus", dizia que as características da espécie da vida animal se contrapõe à singularidade da vida humana. O homem é único. Nasce único, singular. Criatividade do Criador, que não quis fazer em série a criatura, os seus filhos.

A liberdade humana é uma das justificativas da singularidade. A liberdade, como já dissemos, é a possibilidade de usar da razão. Usar da razão para quê? Para dominar os nossos desejos, como queria Platão, e assim nos impedir de ir aos erráticos caminhos da escravidão? Também. Mas vai além. Liberdade no sentido de começar algo novo. De evoluir humana e socialmente com algo novo. Por isso, a ciência progride. Porque continua a buscar alternativas para refutar erros e acertar na tarefa de dignificar a vida humana.

A ciência se alimenta de dúvidas. Quando um vírus para o mundo, demagogos se põem a buscar discursos que mais demonstram aberrações de desejos descontrolados de poder do que de preocupação com vidas humanas. O cientista é mais cuidadoso. Não que o político não deva se valer da ciência para servir o seu povo. E há políticos que assim agem. Toda a generalização é injusta. E, por isso, a política também demonstrou o fosso que separa estadistas dos populistas inconsequentes. Os estadistas tomaram decisões orientados pela ciência e pelo senso de responsabilidade coletiva conseguiram unir o seu povo na luta conjunta de preservar a vida e de garantir políticas sociais que minimizassem os efeitos da crise econômica, bem como estabeleceram planos de recuperação do potencial de seus países. Os populistas inconsequentes gritam contra inimigos imaginários e constróem muros de ignorância para comandar os que preguiçosamente deixam de utilizar a razão. Rousseau dizia que,

"Haverá sempre grande diferença entre subjugar uma multidão e reger uma sociedade."

Os populistas inconsequentes, que beiram ao totalitarismo, buscam um discurso único, e com isso vão subjugando uma multidão, aturdida por algum medo. Os pensadores das várias áreas do comportamento humano se debruçam sobre as novas formas de dominação. E, a mentira, nascida em gabinetes de ódio, se configura como um dos mais cortantes instrumentos. Em vez de de se unirem para combater a doença que combalida a população, buscam a desunião como forma de justificação da própria ausência de conhecimento da condução da coisa pública. Não é o nosso objetivo nesse livro, mas basta uma comparação entre os países que conseguiram em menos tempo combater o mortal vírus e os países que se perderam em disputas irracionais e viram seus cidadãos sendo infectados e mortos em números muito mais relevantes. Reger uma sociedade requer, inclusive, altivez para conviver com as diferentes opiniões, nascidas de diferentes correntes de pensamento que necessariamente precisam conviver em uma sociedade.

Se a liberdade é a pura capacidade de começar, a singularidade nos leva a acreditar nesse começo ou recomeço. Como será o mundo amanhã? Quais os aprendizados que acumulamos nesses tempos? Que algo novo nos fará empunhar novas bandeiras? O que será o novo normal depois de retirar as máscaras e de respirar com menos medo? O medo que enfrentamos com decisão. Com dúvidas, certamente, mas com decisão. E o que virá depois de nossos enfrentamentos, então? De todos e de cada um. A singularidade, fruto da faculdade da liberdade, se situa no pensamento e na ação. A singularidade é a possibilidade daquilo que nos é dado com aquilo que não nos é dado. É a inteligência que nos é dada e que vai se desenvolvendo na capacidade da escolha que nos leva a construirmos aquilo que não nos é dado. Até a igualdade precisa ser construída, dai o conceito do "direito de ter direitos", quanto mais a singularidade.

O que nos é dado é o fato de sermos únicos, irrepetíveis. Nem os polegares são iguais, quanto mais as personalidades, o estar no mundo, o se relacionar com outros, igualmente singulares.

Quando sou capaz de reconhecer quem eu sou, a partir das experiências de dor e amor, do cair e do levantar, do sofrer e do sorver o aprendizado do sofrimento, vou edificando quem, de fato, eu sou. Um ser em construção, constantemente em construção. Um ser capaz de aprender o tempo todo, de tirar lições do que vive, do que vê, do que lê, do que sente. Que consegue, inclusive, ampliar sua sensibilidade em um diálogo necessário com o mundo interior e com o mundo exterior. A singularidade parte da necessária capacidade de pensamento. Posso, e devo talvez, me inspirar em outras pessoas. Mas não sou uma dessas pessoas. Posso, e devo observar os que me servem de modelo para o que eu não quero ser. O sagrado exercício da convivência me faz ver virtudes e vícios, erros e acertos e me faz escolher. E assim vou construindo meu fluxo de vivências. Jamais igual a alguém, por mais inspirador que seja; jamais por causa de alguém, por mais marcas positivas ou negativas que esse alguém tenha deixado em mim.

Sou o que sou física e psiquicamente. Lamentar pela minha aparência física, desejar ser outra pessoa, brigar com a idade que tenho são atitudes que ofuscam a singularidade. Não há outra pessoa igual a mim no mundo, só isso deveria aumentar em mim a responsabilidade de viver intensamente cada momento. Por mim e pelo outro.

Há três preceitos dos jurisconsultos romanos que influenciaram grandes teorias da justiça e do direito.

O primeiro preceito é:

não prejudicar a outrem;

o segundo,:

dar a cada um o que lhe pertence;

e o terceiro:

viver honestamente.

Não prejudicar a outrem é tema do respeito, da compaixão, da compreensão de que no exercício da liberdade eu tenho que exercer a responsabilidade de não fazer mal a ninguém. Fazer o bem tem de ser um valor e uma decisão inegociável na vida humana. *Dar a cada um o que lhe pertence* é o tema da igualdade. A desigualdade precisa despertar nas pessoas de bem um senso de indignação e uma coragem de agir na correção da rota humana. Não é possível conviver com atos de inumanidade e permanecer apático. Enquanto os supérfluos vão entediando alguns, as necessidades vão matando outros. *Viver honestamente* é um princípio individual e social, é uma conquista civilizatória. Fazer um pacto com a mentira para chegar ao poder é um equívoco que desmerece a ação humana. Subjugar parte da humanidade, agir preconceituosamente, desconsiderar o outro é desonesto. A honestidade é uma virtude que depende do hábito. Não se é desonesto em grandes coisas sem ter sido desonesto nas pequenas coisas. É nos cotidianos que a educação vai lapidando os equívocos que os malfeitos de outros - que tiveram influências em nós - deixaram, para que deem lugar a mulheres e homens singularmente comprometidos com o seu estar no mundo.

O poema, Invicto, de William Ernest Henley, que fez companhia aos anos de Mandela na prisão, fala dessa singularidade na condução da própria vida.

"Da noite escura que me cobre,
Como uma cova de lado a lado,
Agradeço a todos os deuses
A minha alma invencível.

Nas garras ardis das circunstâncias,

Não titubeei e sequer chorei.

Sob os golpes do infortúnio

Minha cabeça sangra, ainda erguida.

Além deste vale de ira e lágrimas,

Assoma-se o horror das sombras,

E apesar dos anos ameaçadores,

Encontram-me sempre destemido.

Não importa quão estreita a passagem,

Quantas punições ainda sofrerei,

Sou o senhor do meu destino,

E o condutor da minha alma.”

O viver humano é um desafio constante. As circunstâncias que não comandamos não retiram de nós o que somos: *Sou o senhor do meu destino e o condutor da minha alma.* Se não comando as circunstâncias, não comando sequer o lugar onde nasci; se não comando os meus desejos, não consigo decidir se terei ou não raiva, se me apaixonarei ou deixarei de me apaixonar; preciso comandar o que faço com as circunstâncias e o que faço com os desejos que me assolam. Aqui entra a ação humana, singular. Os desejos, todos têm, faz parte da constituição do que somos. Mas o que fazer com os desejos que temos é tarefa de árduo trabalho de conhecimento da alma humana e da vida em sociedade.

O luar pode ser visto por todos os cantos, mas a descrição do que o luar provoca em mim faz parte da poética da singularidade. E não há ninguém, por mais poeta que seja, que seja capaz de ver o que vejo, com os mesmos olhos que vejo. Um único luar é um único luar. E se estou apaixonado, então, um luar é mais do que um luar.

generosidade

O que significa ser generoso?

Qual a relação entre justiça e generosidade?

Como se cultiva a generosidade como consciência de um movimento necessário de estar no mundo?

A justiça é a compreensão de que não podemos ser felizes fazendo infeliz o outro. Há um princípio da não--contradição, aristotélico, que diz que não é possível ser justo consigo mesmo, enquanto se é injusto com o outro. A justiça, segundo Aristóteles, é a excelência moral perfeita, porque sem ela não há como vencer os vícios da falta e do excesso e buscar a felicidade.

"Então a justiça, neste sentido é a excelência moral perfeita, embora não o seja de modo irrestrito, mas em relação ao próximo: portanto a justiça é frequentemente considerada a mais elevada forma de excelência moral, e nem a estrela vespertina nem a matutina é tão maravilhosa; e também se diz proverbialmente que "na justiça se resume toda a excelência".

Discorre ele, com vagar, sobre os exageros. E, também, sobre o hábito que faz compreender os exageros e a necessidade de evitá-los. O hábito como um aprendizado desde sempre. Como uma necessidade em decorrência do fato de sermos animais sociais.

"As coisas que temos de aprender antes de fazer, aprendemo-las, fazendo-as – por exemplo, os homens se tornam construtores construindo, e se tornam citaristas tocando cítara, da mesma forma, tornamo-nos justos praticando atos justos, moderados agindo moderadamente, e corajosos agindo corajosamente."

O hábito nos ensina a gostarmos das coisas certas e a convivermos em sociedade sabendo respeitar o outro. E a entender que, sem a justiça, não há convivência pacífica.

A justiça tem várias definições, fiquemos com a mais direta, "atribuir a cada um o que é seu", explicado por muitos pensadores. O que perturba o caminho da justiça é a ambição. O homem ambicioso não quer dar ao outro o que ao outro pertence. O homem ambicioso é um inventor de narrativas incorretas para justificar o injustificável, o ter além do que tem direito.

A generosidade, entretanto, vai além da justiça.

Mas, antes de entrarmos nela, um pouco mais do pensamento de Aristóteles, em "Ética a Nicômaco", que é um livro escrito para o seu filho, para lhe explicar os caminhos para se atingir a felicidade. Depois de tratar sobre a justiça, Aristóteles entra no plano da amizade, e parece considerá-la, como superior à justiça.

"Quando as pessoas são amigas não têm necessidade de justiça, enquanto mesmo quando são justas elas necessitam da amizade: considera-se que a mais autêntica forma de justiça é uma disposição amistosa."

E por quê? Porque a amizade, como excelência moral perfeita engloba a justiça. Você jamais será injusto com um amigo seu. Sobre os que são amigos por interesse ou prazer, esses não são amigos. A amizade aqui é um sentimento profundo de *uma alma habitando dois corpos,* dizia Aristóteles. E a amizade ampliada é o que um homem tem que ter com a cidade, é o que um governante tem que ter com o seu povo. Explica ele sobre as formas de governo e sobre os desvios que degeneram essas formas. E é por causa da degeneração que se precisa de justiça; por causa da ausência de amizade que se precisa da justiça; por causa, enfim, da ambição, fruto do egoísmo, que se precisa de justiça.

Aristóteles propõe uma aspiração humana, que transcenda os desejos e que nos coloque na compreensão de quem somos. A melhor lei é aquela que vive dentro de cada um. E é o hábito de fazer o bem que fará com que cada um conheça essa lei, sem os vícios que escravizam, sem a vingança que nos diminui, mas com a decisão firme de não se permitir ser conduzido erroneamente, *pessoa alguma é ofendida por outra que a ama e lhe faz bem – ao contrário, a "vingança" de uma pessoa de bons sentimentos é fazer o bem a outra.*

O conceito de amizade será mais trabalhado no último capítulo dedicado ao amor. Vamos, então, destrinchar um pouco o tema da generosidade. Dissemos que a generosidade vai além da justiça, porque não se trata apenas de atribuir a cada um o que é seu, mas de algo a mais. A justiça foi se positivando em normas e regras, para a garantia do seu cumprimento. Direitos e deveres estão estampados em normas constitucionais e infraconstitucionais, em documentos acordados pelas partes, em procedimentos verticais ou horizontais. A justiça obedece, assim, à razão de dar equilíbrio às relações e de pacificar conflitos. A generosidade obedece ao coração, ao simbólico, ao humano movimento de sair de mim para ajudar o outro que precisa. A justiça trabalha com merecimento, embora, desde os gregos, exista a justiça distributiva, que se pressupõe corrigir desigualdades por meio da equidade. Os que nada têm precisam ter um piso mínimo de direitos para que possam desenvolver a sua dignidade. Posso assim tratar desigualmente os desiguais, para equiparar, com forças do Estado, forças tão díspares. Obedece assim, a uma regra. Políticas afirmativas nascem para minimizar distorções históricas, geradas por preconceitos. Auxílio aos que precisam e não podem conseguir sozinhos. É o Estado agindo, autorizado por lei, em benefício dos mais vulneráveis.

A generosidade é mais subjetiva, é mais individual, é filha não de uma lei escrita, mas de um movimento da vontade humana, consciente de sua necessidade de fazer o bem. Fazer o bem é necessário! A generosidade não guarda nenhum interesse, senão não seria generosidade. A generosidade é uma doação incondicional e não um investimento. E não a busca do aplauso. E não a glória vã.

Gibran Khalil Gibran, em seu "O Profeta", assim trata a generosidade:

Então, um homem rico disse: "Fala-nos da dádiva!"

E ele respondeu:

"Vós pouco dais quando dais de vossas posses.

É quando dais de vós próprios que realmente dais."

Pois o que são vossas posses senão coisas que guardais

por medo de precisardes delas, amanhã?"

O início da reflexão sobre a dádiva ou a generosidade já é uma constatação de Gibran, há mais facilidade em dar as posses do que dar a si mesmo. Não que ajudar alguém monetariamente não seja uma dádiva, um gesto generoso, mas é possível e é necessário ir além. Até porque, quem dá a si mesmo dará também as suas posses, porque terá compreendido o real sentido da vida.

O movimento da doação não é jamais um ato de egoísmo, por exemplo, dou um anel de brilhante, porque quero aquela mulher para mim; ou um ato de distanciamento dou o dinheiro que o menino que está na rua me pede, para ficar livre dele rapidamente. Nem uma disputa, imaginem os pais, cada um oferecendo um presente melhor para o filho para que sejam mais amados. Isso não é nem amor, nem generosidade. Pode ser, inclusive, um ato insano que perturba o sentido da vida, que inverte o sentido da vida.

Os bens emocionais são o que temos e que ninguém nos tira. Mas as emoções podem também nos trazer distúrbios, nos prender no véu da vaidade. Como a vaidade pode ser prejudicial para a compreensão da generosidade das emoções! As honras que penso merecer, a glória que exijo merecer, o aplauso que imagino deva ser mais forte do que para o outro que convive comigo. Nos finais das peças de teatro, o público aplaude os artistas. Cena comum. Um a um, vão se aproximando para agradecer. Invariavelmente, um artista é mais aplaudido do que o outro, por uma série de razões. Ou porque é mais conhecido, ou porque o papel é mais engraçado ou mais marcante ou porque emocionou mais. E os outros artistas, que naquele dia, receberam aplausos mais contidos? Se forem generosos, compreenderão a beleza de fazerem o que fazem pelo amor a arte. E se um irmão seu de ofício, naquele dia, mereceu mais destaque, toda a arte sai recompensada. O artista apegado às vaidades sairá arrasado do teatro. Pode até ser grande na arte de interpretar, mas ainda é muito pequeno na arte da vida interior.

Gibran nos faz refletir:

"E amanhã, que trará o amanhã ao cão ultra prudente

que enterra ossos na areia movediça enquanto segue os peregrinos para a cidade santa?"

Por que um cão enterra ossos na areia movediça? Porque não sabe que se trata de areia movediça. Porque não tem a razão para lhe mostrar que aquele bem que ele tem não é dele. O que ele tem ele leva com ele junto com os peregrinos que seguem para a cidade santa. Por que um homem enterra em areia movediça a sua vida? O homem tem a razão para lhe ensinar que a areia movediça vai tragando tudo, que ninguém pode acumular nada no plano material. Viemos sem nada, para a peregrinação, e sem nada voltaremos. O que temos, de fato, ninguém nos pode tirar. Mas o que temos? O que é realmente meu? O aplauso que o artista recebeu naquele dia não era dele, era para ele, mas não dele. O papel que ele exerceu no palco também não era dele, é para ele naquele momento. Exercemos cargos, funções, mas somos maiores do que os cargos ou as funções que exercemos; e, maiores que as riquezas que acumulamos. E todas as riquezas que acumulamos, e que alguém pode tirar de nós, estão em uma areia movediça. Os que vivem abobados pelas glórias ou pelas posses sofrerão muito quando perceberem que a areia movediça está levando embora. Os que são fascinados pela própria beleza na juventude também sofrerão quando tudo for mudando. E tudo muda o tempo todo. O atleta de alto rendimento deixará de ter um alto rendimento, o político com muito poder, deixará de ter muito poder. Mas o que é o poder? Qual o maior poder que o humano pode ter?

Quanto mais materialista o ser humano, maior o seu sofrimento. Quanto mais materialista o ser humano, menor a sua lucidez. Ele vai se afundando nas mentiras que conta para ele mesmo. Nas crenças infundadas nas quais acredita. Nos aplausos. Pobres escravos dos aduladores! Nos palcos da vida, o grande espetáculo é o sonho de uma humanidade mais humana. Os que carecem de aplausos ininterruptos não compreendem a seriedade da vida, o som fascinante do silêncio, a riqueza que é estar vivo, que é ter tido a oportunidade de vir ao mundo e ser único. Já falamos sobre a singularidade.

O cão ultra prudente, nada tem, assim, de prudente. Mas por que o cão *segue os peregrinos para a cidade santa*? Porque todo mundo está indo, então ele vai também. O cão não tem consciência que o possibilite escolher? E o ser humano, que tem consciência, e não escolhe? E o ser humano, que está apenas seguindo uma multidão? Que não tem voz, mas eco? No que pensam os homens que estão indo para a cidade santa? Nos ossos enterrados na areia movediça? Nos acúmulos que podem se perder em algum momento? No que não são?

"E o que é o medo da necessidade senão a própria necessidade?"

Reflitamos um pouco sobre a profundidade dessa frase de Gibran. Por que perdemos tanto tempo com o medo do que não nos pertence? O que é o necessário na vida de um ser humano? Tem o ser humano tempo para pensar sobre isso? O que ninguém tira de mim? O que é meu e será sempre meu como condição do meu existir humano? O cão poderia ter experimentado o prazer de comer os ossos e de, inclusive, repartir os ossos com os demais cães, mas perdeu todos eles para a área movediça. O ser humano é também assim, não usufrui o que tem com medo da necessidade, a necessidade é um convite a usufruir os momentos que se seguem a outros momentos da vida. Momentos que não voltam. Vida que não volta.

"Não é vosso medo da sede, quando vosso poço está cheio, a sede insaciável?"

O poço está cheio, mas eu tenho medo. E por isso prossigo com sede. O poço está cheio, prossigo com sede e não permito que ninguém se sacie da água que armazenei. Então, o que eu faço? Não sou generoso nem com o outro nem comigo mesmo. O poço está cheio e eu desperdicei o prazer de beber com meus amigos a água que estava ali para cumprir exatamente essa função. Aplainar a sede.

Cada ser na natureza tem uma função. Plena. Necessária. E o ser humano não deveria proibir a natureza de cumprir a sua razão de existir. É como tapar o sol de alguém. Quem me deu esse direito?

"Há os que dão pouco do muito que possuem,

e fazem-no para serem elogiados, e seu desejo secreto desvaloriza suas dádivas.

E há os que pouco têm, e dão-no inteiramente.

Esses confiam na vida e na generosidade da vida, e seus cofres nunca se esvaziam.

E há os que dão com alegria, e essa alegria é sua recompensa.

E há os que dão com pena, e essa pena é seu batismo.

E há os que dão sem sentir pena nem buscar alegria sem pensar na virtude:

Dão como no vale, o mirto espalha sua fragrância no espaço."

É bíblica a explicação do homem que, no templo, dava e fazia barulho do que dava. Queria ser elogiado, queria ser aplaudido, queria ganhar as glórias em decorrência da sua doação. Esse não entende a generosidade. Os que dão o que têm, os que multiplicam seus talentos e não os enterram, por medo, compreendem, de certa forma a razão do existir. O generoso confia na generosidade da vida e seus cofres nunca se esvaziam. Os cofres aqui são muito mais profundos do que os cofres materiais. Os cofres de Gibran são os segredos que vivem na nossa intimidade e que têm um poder imenso de melhorar o mundo. E de espalhar fragrância no mundo. Quem perfumou o mundo com sua generosidade? Madre Tereza de Calcutá, Irmã Dulce, Francisco de Assis e tantos outros. Eles deixaram a eles mesmos como dádivas. Porque posses, mesmo se tivessem deixado, esgotariam, seriam engolidas pelas areias movediças. Nada pode o homem deixar ao mundo a não ser o que a ele pertence, sua ação de melhoria do próprio mundo, seu ofício sagrado de viver e de não fazer concessões ao não humano.

Qual a generosidade que se encontra na obra de Beethoven ou de Michelangelo ou de Shakespeare? O que eles imaginavam quando estavam deixando o que eram para o mundo? Tiveram seus momentos de dúvida, tiveram suas dores humanas, mas compreenderam a razão pela qual vieram ao mundo. E generosamente perfumaram a humanidade.

"Pelas mãos de tais pessoas, Deus fala; e, através dos seus olhos,

Ele sorri para o mundo.

É belo dar quando solicitado, é mais belo, porém,

dar sem ser solicitado, por haver apenas compreendido."

O sorriso de Deus se percebe nas ações humanas que povoam o mundo de beleza. A natureza é bela por si. Aqui não nos cabe uma discussão sobre as correntes filosóficas que afirmam haver ou não uma harmonia cósmica. Aqui, o objetivo é aprofundar a ação humana na relação com a natureza do existir. O que de bom e belo o humano pode dar ao mundo. O belo que é dado sem solicitação. O que precisava de mim, não me pediu, mas eu compreendi. O que gritava silenciosamente ao meu lado por socorro, eu consegui escutar. E dei de mim. E entreguei o meu existir para o outro. Podemos dizer que o que os profissionais fazem o fazem por dinheiro, por responsabilidade em função do cargo que exercem. Um médico, por exemplo, tem a obrigação ética de dar atendimento a quem precisa e funcional de cuidar daquele que vai ao hospital em que ele trabalha, e é, portanto, remunerado para isso. Pois bem, um médico pode cumprir o seu ofício tecnicamente ou pode ir além. Ele pode investigar a dor da perna que o paciente reclama ou pode compreender a dor da alma que leva aquela pessoa até ele. Ele não irá compor a Nona Sinfonia, como Beethoven, e assim perfumar o universo, mas vai perfumar o universo daquele paciente que está na frente dele.

Estamos no mundo como um canal do divino, como um depositário de possibilidades, de sementes que devem desabrochar no nosso existir. Ou isso ou a vida rápida que temos não teria sentido. A vida é curta no tempo, mas larga nas possibilidades. A oração que nos leva ao Sagrado não é a oração egoísta, em que imagino Deus como responsável por atender tudo o que eu quero. A oração que nos eleva ao Sagrado é aquela em que eu me calo para que a voz de Deus fale em mim, por mim, para mim, inclusive. O egoísta gera sombra no mundo, o generoso, gera luz.

"E, para os generosos, procurar quem recebe é uma alegria maior ainda que a de dar."

Eu vou em busca daquele que de mim precisa. Eu tenho olhos de ver a beleza dos gestos de generosidade. Eu sou capaz de ver o belo no outro, por mais suja e desfigurada que esteja a sua face. Ele é tão humano quanto eu, tão digno de cuidado, de respeito, quanto eu. O generoso não espera que o outro seja grato a ele. Ele é que agradece ao outro ter sido um instrumento de compreensão da necessidade que ele tinha de ser generoso. Quem dá é, certamente, mais feliz do que quem recebe. Então, quem dá não deveria esperar retribuição, deveria agradecer.

"E existe alguma coisa que possais guardar?

Tudo o que possuis será, um dia, dado.

Dai agora, portanto, para que a época da dádiva seja vossa, e não de vossos herdeiros."

Existe alguma coisa que podemos guardar? Existe alguma coisa que irá conosco depois da morte? Por que, então, o sofrimento diante daquilo que perdemos? Por que nos apegarmos às coisas que não são o que somos? Quem somos nós? Eis a grande questão filosófica que precisa ser repetida, repetidas vezes, para que não nos percamos. Não há nada que possamos guardar. E é bom que os herdeiros herdem de nós mais do que coisas, mas um comportamento generoso. A herança material é também engolida pela areia movediça. Os sentimentos generosos, não.

"Dizei muitas vezes: Eu daria, mas somente a quem merece.

As árvores de vossos pomares não falam assim, nem os rebanhos de vossos pastos.

Dão para continuar a viver, pois reter é perecer.

Certamente, quem é digno de receber seus dias e suas noites é digno de receber de vós tudo o mais.

E quem mereceu beber do oceano da vida, merece encher sua taça em vosso pequeno córrego."

Gibran quer nos levar à compreensão de que tudo recebemos gratuitamente. De que não seria generoso de nossa parte refletirmos sobre o merecimento ou não de quem receberá nossa generosidade. Um dentista que faz um trabalho voluntário em uma penitenciária para devolver o sorriso das pessoas que vivem ali não vai examinar o caso jurídico de um a um para ver se podem ou não voltar a sorrir. Um chefe de cozinha que resolve ensinar os que vivem em situação de rua a fazer pão e, assim, se alimentar não vai analisar os méritos de cada um para decidir quem merece comer ou não.

A árvore dá sua sombra. Se nela sentam o justo e o ladrão, não é problema da árvore. O problema da árvore é dar sombra. É dar flores. É dar frutos. O sol não se pergunta se está nascendo onde há bons ou maus, o sol nasce, é essa a sua função. A vida nos deu um lugar no mundo. A vida nos deu pessoas que cuidassem da nossa vida. Uma família, uma mente capaz de milhões de possibilidades, um corpo, um tudo. A vida nos deu um oceano e estamos regateando um pequeno córrego e nos enchendo de exigências? Cada um tem de dar o seu melhor. Cada um tem que exercer a mesma dignidade que a água quando sacia a sede ou o fogo quando aquece e ilumina. Cada coisa tem que encontrar a sua função no mundo. Cada ser humano precisa encontrar o seu lugar no mundo.

"E que mérito maior haverá do que aquele que reside na coragem e na confiança e, mais ainda, na caridade de receber?

E quem sois vós para que os homens devam expor seu íntimo e desnudar seu orgulho a fim de que possais ver seu mérito despido e seu amor-próprio rebaixado?

Procurai ver, primeiro, se mereceis serem doadores e instrumentos do dom.

Pois na verdade, é a vida que dá à vida, enquanto vós, que vos julgais doadores, sois simples testemunhas.

E vós, que recebeis - e vós todos recebeis - não assumais nenhum encargo de gratidão, a fim de não colocardes um jugo sobre vós e sobre vossos benfeitores.

Antes, erguer-vos, junto com eles, sobre asas feitas de suas dádivas;

Pois se ficardes demasiadamente preocupados com vossas dívidas, estareis duvidando da generosidade daquele que tem a terra liberal por mãe e Deus por pai."

Todo o texto poético de Gibran sobre a dádiva ou sobre a generosidade nos remete a um compromisso primordial do nosso lugar no mundo. A partir desse compromisso ou dessa compreensão, passamos a deixar de lado o que não nos compõe como peça de uma sinfonia maior. E o que, por não participar da composição do que somos, pode até nos diminuir. Gibran insiste na gratuidade da generosidade. O existir humano é sagrado e nesse existir não há escambo, não há troca. Há função. Há compromisso existencial. Ninguém pode obrigar outrem a compreender o seu existir. A liberdade é uma condenação, no dizer de Sartre, como vimos, mas é um oceano de possibilidades. Represar o que somos é um desperdício, mas é possível. Depende do que conhecermos de nós mesmos e da humanidade. A troca é própria das coisas. A generosidade é própria dos humanos.

Pascal dizia que *o coração do homem é oco e cheio de lixo*, porque quase sempre está fechado ao outro, está refém dos egoísmos. Mesmo compreendendo que precisamos uns dos outros, fechamo-nos em nós mesmos. Disputamos a inglória disputa de sermos os vencedores. De que luta? De que guerra? Houve um tempo em que era comum em algumas religiões sacrificarem animais para os deuses ou para Deus. Por que Deus precisaria do homem sacrificando um animal? Parece que o sacrifício mais elevado é o homem se livrar do animal de dentro dele que o desumaniza, do animal que o afasta do outro homem, tão essencial para o seu viver, conviver.

O filósofo racionalista, René Descartes, dizia:

"Creio assim que a verdadeira generosidade, que faz um homem se estimar ao mais alto grau que ele pode legitimamente estimar-se, consiste, apenas, parte em ele saber que não há nada que lhe pertença verdadeiramente além dessa livre disposição de suas vontades, nem por que ele deva ser elogiado ou censurado, a não ser por usá-la bem ou mal; parte em ele sentir em si uma firme e constante resolução de bem utilizá-la, isto é, nunca carecer de vontade para empreender e executar todas as coisas que julgar serem as melhores. O que é seguir perfeitamente a virtude."

A generosidade vem da liberdade do homem de se despir de tudo o que não seja ele mesmo. De saber que nada lhe pertence. De ter a consciência e a confiança em não ter apegos. O homem generoso é livre. Os que são escravos das pessoas ou das coisas desperdiçam a generosidade. Voltando ao tema da glória, do aplauso, o homem que vive em função do reconhecimento que espera ter não será nem livre nem generoso. Tudo nele é, aparentemente, calculado. Tudo nele tem um interesse. As opiniões das outras pessoas não podem me escravizar. Isso não é arrogância ou isolamento, é consciência da minha dignidade, do respeito que mereço, do fato de ter uma capacidade de autonomia, de pensar com o meu próprio pensamento.

O generoso, por se livrar de tantas amarras, de tantas emergências, tem mais tempo e espaço para realizar obras que permaneçam. Que amarras são essas? As amarras do ciúme, da cólera, da soberba, da vaidade e de tantas outras. Um professor exerce, por natureza da própria profissão, a profissão da generosidade. Todos os dias ele deixa um pouco do que ele é e um pouco do que ele sabe na história de seus alunos. Que tipo de retribuição pode querer um professor? Que os seus alunos, todos os dias de suas vidas, venham para agradecer pelos ensinamentos que tiveram? Não. Um professor quer que seus alunos encontrem segurança no conhecer, no viver. E que deem, cada um a seu jeito, o voo certeiro da liberdade e que sejam, por isso, únicos e generosos.

Que tipo de retribuição quer um ambientalista preocupado com os séculos que virão? Nenhuma, até porque ele não estará aqui para ser homenageado. Ele tem a consciência de que pode deixar um mundo melhor para a humanidade que virá depois. E isso basta para o seu existir. Se a vida é curta no tempo, ela é ampla nas possibilidades, como dissemos. E é essa amplidão que faz do humano, humano; que faz do ser vivente um vivente para a vida. Para a vida de todos que, como ele, receberam a generosidade de viver.

resiliência

O que é resiliência?

Como trabalhar a queda, a dor, as portas que se fecham?

A resiliência, diferentemente das outras virtudes, não vem, como semântica dos pensadores clássicos. É uma palavra contemporânea, que surge da física, que está ligada à elasticidade. A algo que, depois de esticado, volta ao seu formato original. É usada também na defesa da natureza, na recomposição da mata, depois de um tempo em que foi cessado o desmatamento. Na alma humana, entretanto, a resiliência encontra um significado ainda mais profundo. Não se trata de voltar ao estágio original, quando a dor cessa, trata-se de aprender com a dor e voltar melhor do que antes da queda.

Para compreender o conceito do que tem resiliência, podemos utilizar dois polos do cenário da vida: o luto e a expansão da alma. Diz Cecília Meireles:

"Tu tens um medo:

Acabar.

Não vês que acabas todo dia.

Que morres no amor.

Na tristeza.

Na dúvida.

No desejo.

Que te renovas todo dia.

No amor.

Na tristeza.

Na dúvida.

No desejo.

Que és sempre outro.

Que és sempre o mesmo.

Que morrerás por idades imensas.
Até não teres medo de morrer.
E então será eterno."

Esse é um poema extraído dos "Cânticos", de Cecília Meireles. São poemas metafísicos, nos quais ela se propõe a debruçar sobre o que não é corroído, sobre o que não é efêmero, sobre o que permanece. Esses poemas foram publicados depois da morte da poeta. E revelam uma profundidade interior de uma mulher que sofreu as dores da morte em toda a sua vida.

O luto traz um profundo incômodo à alma. A ideia de que não mais teremos o que perdemos é carregada de um vazio imenso. Perder o pai, perder a mãe, perder um filho. A morte é um mistério. Por mais que as religiões nos tragam as suas explicações, o fato é que é um luto deixar de se deitar no colo da mãe, de beijar quem se ama, de não ver o filho crescer. Queremos as pessoas e não as suas ausências. Queremos prosseguir olhando o álbum de fotografias e comemorando o fato de estarmos todos juntos. Mas a morte existe. Dolorosamente, ela existe em nós.

Na canção "Pedaço de mim", Chico Buarque traz uma das imagens mais dolorosas do existir humano:

"Oh, pedaço de mim
Oh, metade amputada de mim
Leva o vulto teu
Que a saudade é o revés de um parto
A saudade é arrumar o quarto
Do filho que já morreu."

O conceito da imagem da cena traz dor, *a saudade é arrumar o quarto do filho que já morreu.* A mãe volta do sepultamento do filho, do revés de um parto. A mãe, canal da vida, geradora da vida, se despede da vida do filho. A presença física dá lugar à memória. A memória sangra. Os dias se seguem provando que o que aconteceu, aconteceu. O susto inicial se confirma. Primeiro, a negação. Trata-se de um sonho, de um pesadelo. Depois, os dias vão clareando a casa sem o filho. E ela vai para o quarto e vai arrumar o mesmo quarto que tantas vezes arrumou para o filho. O mesmo quarto preparado para que o filho voltasse e ficasse satisfeito. As coisas do filho estariam organizadas. A bagunça desfeita para que ele, confortavelmente, pudesse aproveitar o bom de se ter uma mãe. A mãe é a mesma, o quarto também, o desconforto está na arrumação. Nada mais será desorganizado. O filho não vai voltar. Como sanar essa dor? Como imaginar que há vida depois desse dorido luto? Como prosseguir? Como expandir a alma depois de uma dor tão trancafiante?

Exigir que essa mulher se recupere e que tire a poeira da saudade, no dia seguinte, e se ponha a viver sem pausas, porque é resiliente, é desconhecer a natureza humana ou trabalhar contra ela. A sensibilidade é parte do que somos. E é bom que ela nos acompanhe em todos os momentos. As lágrimas são delicadezas que os olhos emprestam à alma para algum alívio. Maria chorou a morte do filho, Jesus. Prosseguiu com ele em todos os momentos de dor. Viu os que o acompanhavam o abandonarem. Viu traições. Viu mentiras sendo proclamadas como verdades e prosseguiu na dor. Até o último instante. Até a imagem imortalizada por Michelangelo, Pietá. E Maria prosseguiu. Transformou a dor em certeza de que sua vida não podia parar por ali. Acreditou na ressurreição. Acompanhou os discípulos em Pentecostes. Não é possível imaginar Maria, com a alma expandida, brigando com Pedro por ter negado o seu filho três vezes. Ela estava ao lado dele e dos outros dando continuidade ao seu estar no mundo. O luto não a paralisou.

A infeliz expressão "homem não chora" cumpriu um triste papel de boicotar a sensibilidade masculina.

Homem chora e mulher chora. Chorar é bom e necessário. O resiliente, entretanto, sabe que o que não pode é se afogar no choro. O que se afoga no choro se rende, desiste do recomeço, não aprende com a dor. O ser humano não foi feito para a rendição, mas para a expansão. A vida é uma constante expansão, por isso aprendemos com a dor.

Há uma antiga história que diz que um rei tinha dez cães selvagens, profundamente ferozes. Toda vez que um servo cometesse um erro era jogado aos cães que, imediatamente, o devoravam. Com isso, o rei se sentia seguro de que nenhum servo, com medo do desfecho, atentaria contra ele. Até que um dia, um antigo servo cometeu um pequeno deslize. O rei não teve dúvidas, mandou que fosse ele, até para servir de exemplo aos outros, jogado para ser devorado pelos cães selvagens. O servo pediu ao senhor que como havia lhe servido com muita integridade, durante dez longos anos de sua vida, concedesse a ele dez últimos dias de vida antes de ser devorado. O rei achou que o pedido era razoável e o atendeu, mandando que, nesse tempo, ele ficasse na prisão. O servo pediu aos guardas que durante o tempo livre, na prisão, pudesse cuidar dos cães. Os guardas não viram nenhum problema nisso. Então, ele começou a limpar o canil, trocar a água, dar a alimentação, dar banho e distribuir carinho a eles. Passados os dez dias, o rei mandou aos guardas que trouxessem o servo e o jogou aos cães ferozes. Os cães ferozes, entretanto, em vez de devorarem o servo começaram a encher o servo de carinho, de lambidas, de brincadeiras. O rei ficou assustado com o que viu e quis saber o que houve com os seus cães ferozes. O servo, com humildade, explicou:

"Meu senhor, eu servi a esses cães por apenas dez dias e eles demonstraram gratidão a mim; eu servi ao senhor por dez anos e no meu primeiro erro o senhor desistiu de mim".

O rei ficou emocionado com o que viu e mandou que libertassem o servo. Os cães terminaram a história pulando e brincando com ele.

Onde esteve a resiliência do servo? Em não desistir, mesmo diante da ordem mais insana, do poder mais irresponsável. Ele buscou dentro dele algum repertório que o ajudasse a prosseguir vivendo.

É de Mario Quintana esse pequeno verso que expressa que não se combate violência com violência:

"E no dia em que tratardes um dragão por Joli, ele te seguirá por toda a parte como se fosse um cachorrinho."

A belíssima história das mil e uma noites vai na mesma direção. As mulheres do reino daquele Sultão malvado, sabiam que seriam mortas logo depois das núpcias. Isso porque o Sultão, certa vez, foi traído por uma mulher. E, para que nunca mais fosse traído, decidiu que se casaria e que, no amanhecer do dia seguinte, a mulher seria morta. E, assim, as mulheres do reino foram uma a uma sofrendo daquela terrível raiva. Quando a filha de um dos principais ministros do rei se oferece para aplacar aquela ira, o pai, em princípio, não aceita, mas depois concorda. Sherazade se casa e no momento da consumação das núpcias, sua irmã, combinada com ela, chega chorando ao quarto pedindo que a irmã conte, como sempre fazia, uma história, para que ela pudesse dormir. O Sultão, apesar do estranho pedido, consente. E Sherazade começa a narrar uma linda história. No momento de maior suspense da história, ela se diz com sono e pede para prosseguir na noite seguinte. O Sultão, curioso com o desfecho, autoriza. E, na noite seguinte, então, ela conclui a história e inicia outra. Novamente, no momento mais curioso, ela diz que terminaria na noite seguinte. O Sultão quer saber o final. E autoriza. E, assim, ela vai emendando uma história na outra até que o Sultão se apaixona perdidamente por ela e poupa sua vida e a vida das outras mulheres do reino. Sherazade sabia que, do lado de fora do quarto, durante todas essas noites, estava o carrasco. Que a sua vida esteve sempre em risco. Mas ela prosseguiu acreditando na força das histórias ou do conhecimento para amolecer o coração daquele homem. Mil e uma noites contando histórias e ganhando o direito de prosseguir vivendo.

Estamos falando da resiliência em situações extremas. Pessoas que poderiam ter perdido a vida e que buscaram, na sensibilidade e no conhecimento, repertório para prosseguir. Que não se deram por vencidas ao primeiro sinal de perigo. É possível, entretanto, falar de resiliência nos cotidianos ou no cotidiano de pausa que acabamos de viver. Algumas pessoas, por causa das precauções com a vida, não mais resistiam a ficar isoladas. Era como se aquele tempo nunca mais fosse passar. Tiveram resistência pouca ou quase nada. Alguns, em nome da liberdade, se transformaram em infratores das leis e da própria vida. Riram risos irresponsáveis em festas desnecessárias em tempos de doenças e mortes. É como se vivessem em um outro mundo, é como se desafiassem a ciência não com a sua coragem, mas com sua temeridade, como já dissemos. Os tempos foram difíceis como é difícil ao elástico ter que esticar tanto. Mas depois ele volta ao normal. Nós, os humanos, voltamos melhores do que éramos, porque voltamos com algum aprendizado.

A demissão de um emprego pode causar profunda frustração, mas pode, também, ser um momento de grande transformação na vida de alguém. As privações que passamos nos ajudam a valorizar os tempos que virão. Por que os cidadãos que vivem em países com baixa temperatura, durante o inverno, celebram com tanta intensidade a chegada da primavera? O que as flores trazem de novo à vida deles? Que tipo de novo tempo os aguarda?

São diversas dores, frustações, traumas que podem nos assolar. Começamos dando o exemplo da mãe que arruma o quarto do filho que já morreu, da dor grande da vida, da maior talvez. Mas há outras, dolorosas para quem as sente. A dor da paixão não correspondida inspira poetas e cantadores de todos os tempos. Paulo Vanzolini é um deles:

"Chorei, não procurei esconder

Todos viram, fingiram

Pena de mim, não precisava

Ali onde eu chorei

Qualquer um chorava

Dar a volta por cima que eu dei

Quero ver quem dava

Um homem de moral não fica no chão

Nem quer que mulher

Venha lhe dar a mão

Reconhece a queda e não desanima

Levanta, sacode a poeira

E dá a volta por cima."

Reconhece a queda é a parte do luto. *Levantar, sacodir a poeira e* prosseguir é a parte da expansão da alma. Que não pode desanimar. Aliás, "anima" vem de alma. A alma que estará repleta de cicatrizes, resultado de tantas feridas, resultado de tantas quedas na vida. Para isto serve o tempo, para a cicatrização. Para isto serve a velhice, para o acúmulo de conhecimentos e a expansão da alma. Não que os velhos sejam todos sábios e os jovens todos inconsequentes. A maturidade é diferente em cada um. Já falamos sobre a singularidade, nascemos tão necessitadamente iguais, e nos tornamos tão existencialmente diferentes. Diferentes, inclusive, na resiliência. Na dor que podemos suportar e no aprendizado que podemos extrair da dor.

O tempo de acúmulos me faz compreender que não vivo sozinho, que sou um ser da convivência. Que o quintal do meu vizinho também tem pragas, que a família do meu amigo também tem estranhamentos, que não sou eu o único no universo que está sofrendo por uma história de amor que parecia ser eterna e que chegou ao fim.

Nesses tempos de pandemia, é preciso olhar para o todo. Alguns se desesperam porque tiveram redução dos salários. E os que nem salário têm? Alguns se angustiam por não ter casas mais amplas, e os que nem casa têm? A dor que sinto pode ser, neste momento, para mim, a maior dor do mundo. A maturidade, entretanto, vai me ensinando a perceber outras dores e a aliviar a minha própria.

O resiliente precisa saber que Drummond estava certo quando dizia que havia uma pedra no meio do caminho. Mas precisa saber, também, que a vida não é toda de pedra. E que há caminhos, independentemente da pedra, e que talvez haja, inclusive, algum caminho na pedra. O coitadismo não colabora para a expansão da alma. Eu não sou um coitado por estar sofrendo. Eu estou sofrendo, porque sou humano, porque sou caminhante, porque persisto na intenção amorosa de viver intensamente. Diz Cora Coralina:

"A vida tem duas faces:
Positiva e Negativa.
O passado foi duro
mas deixou o seu legado
Saber viver é a grande sabedoria
Que eu possa dignificar
Minha condição de mulher,
Aceitar suas limitações
E me fazer pedra de segurança
dos valores que vão desmoronando.
Nasci em tempos rudes
Aceitei contradições
lutas e pedras
como lições de vida
e delas me sirvo
Aprendi a viver."

O aprendizado das duas faces da vida. Das portas que se fecham e das portas que se abrem. Dos dias sombrios e dos dias iluminados. As contradições das quais fazemos parte. O nosso próprio universo emocional é profundamente complexo. Mudamos de opinião, de gostos, de sonhos. E isso não significa que sejamos volúveis, mas significa que precisamos aceitar as nossas limitações. Se pudéssemos aprender com o tempo, se pudéssemos compreender que o que nos dói hoje terá importância nenhuma amanhã, seríamos mais serenos. O fogo que arde por perto, apaga. E haverá momentos em que nos lembraremos dele com saudade.

Não poucas vezes, vimos amantes desesperados por histórias de amor que ganharam outro rumo. O tempo, talvez, ensine a esses amantes que só a lembrança daquele amor tão intenso já é um presente em uma vida tão efêmera. É melhor sofrer de amor do que de ódio. E, se o outro não sofreu como eu sofri, foi o outro que desperdiçou a quentura poética do mais elevado sentimento. E, no fim de uma história de amor, vem o luto. E, no fim do luto, virá uma outra história de amor. Qualquer tipo de amor, desde que seja amor. O amor a alguém ou a uma causa. O amor à vida. Mas, sobre o amor, falaremos no último capítulo.

Voltemos à expansão da alma. Se conseguirmos nos identificar com os sofrimentos do mundo, como vimos na compaixão, se conseguirmos encontrar nossa própria identidade, como vimos na singularidade, se conseguirmos deixar um pouco de nós em tantas histórias que cruzam e nosso caminho, como vimos na generosidade, será mais fácil ser resiliente. Podemos ir mais além, se tivermos a esperança e a coragem necessárias, para compreendermos que depois da noite vem o dia, E os que prometem dias sem chuva ou desconhecem a natureza ou a sua capacidade de separar a verdade do resto. Ao que vive a esperança, é preciso que se lembre sempre de que o amanhã não chega antes do anoitecer. Não há parto sem gestação. O tempo tem sua própria lei. A lei dos sábios na compreensão do tempo é a paciência.

Na vida profissional, também é preciso paciência. Os efeitos da competição são muito perversos em uma sociedade que exige mais do que conseguimos dar. Perder o emprego nunca é agradável. Chegar em casa e perceber que, no dia seguinte, não se tem para onde ir. Quebrar a rotina, quando se está despedaçado pela vergonha de uma demissão. Mas se trata de uma vírgula, não de um ponto final. Todos os dias centenas de milhares de pessoas são demitidas. E outras tantas contratadas. É um movimento, apenas, entre tantos outros que compõem o universo. A resiliência, nesse ponto, está no cuidado com os nossos sentimentos mais profundos. Há tantos que, ao desconsiderarem a capacidade de se recolocar no mercado de trabalho, vão perdendo o brilho necessário para outros empreendimentos. Depois de muitas entrevistas frustradas, pode acontecer que aquele que busca outra oportunidade vá piorando o seu dizer, a sua postura. Isso ocorre, também, em concursos públicos, depois de algumas reprovações, pode acontecer um desânimo maior e uma queda de rendimento em decorrência da baixa autoestima.

Quantas tentativas frustradas tem um cientista na descoberta de um novo medicamento? Quantas derrotas tem um esportista? Quantos testes faz um artista para conseguir o papel na peça dos seus sonhos? Desistir em um "não" é desconhecer a importância, inclusive do "não". É bom que outros me digam "não" para que eu aprenda a dizer "não" a mim mesmo. A dizer "não" ao meu desânimo ou à minha desistência de viver.

Na primeira carta de Rainer Maria Rilke a um jovem poeta que sonha com ofício da escrita, ele ensina:

"O senhor me pergunta se os seus versos são bons. Pergunta isso a mim. Já perguntou a mesma coisa a outras pessoas antes. Envia os seus versos para revistas. Faz comparações entre eles e outros

poemas e se inquieta quando um ou outro redator recusa suas tentativas de publicação. Agora (como me deu licença de aconselhá-lo) lhe peço para desistir de tudo isso. O senhor olha para fora, e é isso sobretudo que não devia fazer agora. Ninguém pode aconselhá-lo e ajudá-lo, ninguém. Há apenas um meio. Volte-se para si mesmo. Investigue o motivo que o impele a escrever; comprove se ele estende as raízes até o ponto mais profundo do seu coração, confesse a si mesmo se o senhor morreria caso fosse proibido de escrever. Sobretudo isto: pergunte a si mesmo na hora mais silenciosa de sua madrugada: preciso escrever? Desenterre de si mesmo uma resposta profunda. E, se ela for afirmativa, se o senhor for capaz de enfrentar essa pergunta grave com um forte e simples "preciso", então construa sua vida de acordo com tal necessidade; sua vida tem de se tornar, até na hora mais indiferente e irrelevante, um sinal e um testemunho desse impulso."

Encerramos esse tema, mais uma vez voltando ao tema da vida interior. Não são as outras pessoas, como falamos na liberdade, que podem dizer qual o caminho a ser trilhado na construção da nossa vida. Excedemos em perguntas e em necessidades de aprovação para outras pessoas e temos preguiça de buscar no silêncio dos nossos mais profundos sentimentos as respostas de que necessitamos para viver. É sempre o outro que me preocupa. É a vergonha de ter sido derrotado em uma etapa da minha vida que, por vezes, atrapalha as outras etapas. A vergonha é do outro. E por quê? Lembro-me de um amigo que se preparou para dar uma palestra em outro país usando a língua local e estava seguro do que iria fazer, mas, quando viu brasileiros na plateia, ficou paralisado com medo que julgassem a sua pronúncia, o seu sotaque. Porque eram pessoas que ele conhecia, então, carecia de aprovação. Se levássemos a vida com responsabilidade, mas, com leveza, os dias seriam mais fáceis.

paciência

Como faço para cultivar a paciência?

Como faço para viver a paz?

Gosto de imaginar a separação dessa palavra e os dois significados que ela proporciona. Paciência significa paz na ciência. Em outras palavras, é a razão explicando para mim mesmo que é preciso aguardar. Que não há o que se possa fazer. Paciência vem, também, daquele que sofre. O paciente está sob os cuidados de alguém. No hospital, o paciente precisa aguardar a ciência e o tempo para que se restabeleça. E quanto mais em paz ele estiver, maior será a possibilidade de sua recuperação.

O tempo é sempre desafiador para a mente humana tão repleta de exigências e de desejos. O desejo faz com que eu queira imediatamente algo que me satisfaça. O desejo pela comida ou pela bebida, o desejo pelo prazer que o outro pode me proporcionar, o desejo pela liberdade, muitas vezes insensata, que eu acredito ser fruto da razão, mas não é. É como se houvesse um vulcão dentro de mim e eu não conseguisse aguardar o tempo dos acontecimentos. Eu quero agora.

Vamos fazer um resgate de como os gregos viam o tempo, um deus nascido de deuses. No poema mitológico "Teogonia" de Hesíodo, o início da harmonia cósmica, no início há o Caos, ou um buraco, ou um nada. Completamente diferente da narrativa bíblica em que no início há o Verbo. Depois do Caos, e contrário ao Caos, surge Gaia, a terra. Se o Caos é o vazio, o nada; Gaia é a firmeza, é a nossa sustentação. E, surge Urano, o céu. Gaia e Urano estão em estado permanente de amor, amor de amantes. Desse amor ininterrupto, surgem vários filhos. Essa geração divina (de filhos incestuosos) é dividida em três grupos. Primeiro, vem os dozes Titãs, repartidos em seis mulheres e seis homens. São belos e violentos. Como estão muito próximos do Caos, carregam, do Caos, o caótico.

Depois, há os Ciclopes, que são três: o raio, o trovão e o relâmpago. E, por fim, os Hecatônquiros, que são monstros dotados de cem braços. Eles vivem dentro do ventre de Gaia, porque seu pai, Urano, não os deixa sair, receoso de que tomem sua mulher e seu poder. Urano permanece grudado em Gaia, fazendo amor o tempo todo. Gaia está irritada. Seu ventre está inchado de tantos filhos e ela, então, pergunta se algum dos filhos teria a coragem de se voltar contra o pai, para que possam sair e ver a luz do dia.

O mais jovem dos Titãs, Kronos, aceita o desafio. Gaia, satisfeita com a coragem do filho, cria uma foice de metal, no próprio ventre e entrega a ele. Quando Urano está fazendo amor com Gaia, Kronos, com a mão esquerda, corta o sexo do pai. Com a profunda dor, causada pelo filho, Urano se desgarra de Gaia e se separa dela, urrando para o alto; nasce, assim, o teto do mundo. A terra e o céu estão finalmente separados. Assim nasce o espaço e, também, o tempo. Os filhos, saídos do ventre da mãe, poderão ter, também, os seus filhos, e as gerações se desenvolverão no tempo, depois de terem criado o espaço dessa separação, céu e terra. Antes da castração de Urano, havia um bloqueio do tempo e da história, decorrente desse tempo. E, por isso, Kronos vira Cronos, o deus do tempo.

Vamos a mais um trecho da história, embora o que vá nos interessar, na reflexão sobre a paciência, seja Cronos, o tempo, que para os romanos é Saturno.

Kronos desposa Reia, sua irmã, uma Titânide. E tem com ela seis filhos. E repete o pai, Urano, desconfiando de seus filhos. E vai além. Decide, então, engolir os filhos, antes que eles cresçam. Um outro simbolismo do tempo, que come os instantes, as horas, os dias, as estações, os anos. E, quando percebemos, tudo já passou.

Reia, assim como sua mãe Gaia, não suporta o tratamento que Kronos dá aos filhos, e decide salvar o caçula, Zeus. Com a ajuda da mãe Gaia, Reia esconde o filho em uma gruta, providenciada por ela. Lembremos que Gaia é terra. Zeus, alimentado pelo chifre da cabra Amalteia, com alimentos divinos, torna-se um belíssimo jovem, com uma força impressionante.

Da mesma forma que o Kronos fez com o próprio pai, Zeus decide lutar contra seu pai para retirar da barriga dele os seus irmãos. Como eram imortais, estavam vivos. Zeus, ao engolir sua primeira mulher, Métis, a deusa da inteligência, e com a ajuda dos Ciclopes[5] e Hecatônquiros[6], que conseguiu libertar da

5. Ciclopes: eram gigantes imortais na mitologia grega que tinham um só olho no meio da testa.

6. Hecatônquiros eram os três filhos gigantes de Urano e Gaia, irmãos dos doze titãs e dos três ciclopes na mitologia grega.

prisão, feita pelo pai, vence a guerra contra o pai e os Titãs. A partir dessa guerra, Zeus unindo o bom e o belo estabelece a harmonia no universo, que se separa definitivamente do Caos para ser Cosmos. A segunda mulher de Zeus é Têmis, deusa da justiça. O universo é, então, bom, belo e justo. Zeus dá a cada um o que lhe é de direito, esse é um princípio que vai influenciar todo o pensamento da ciência do direito. O Cosmos é teológico. *Theion*, significa divino, feito pelos deuses; *logos*, porque tem uma lógica, uma harmonia perfeita. Os primeiros filósofos gregos serão, também, influenciados por todas essas aventuras mitológicas. E mesmo na base de um pensamento racional, os mitos surgem como influenciadores psíquicos de crenças enraizadas dentro deles. Ao contrário do que já se disse de que termina a fase mitológica e começa a fase filosófica, os mitos hoje são estudados como conteúdos imateriais, como uma linguagem simbólica que traz luz ao cotidiano real.

Há uma lógica no universo, é o que eles querem explicar. E conhecer essa lógica é fundamental ao homem, que vive no universo. Fundamental, inclusive, para que não se julgue no poder de mudar a lógica, mas na apreensão do significado dessa lógica. Voltemos ao conceito de tempo, que engole. Que forças tem o humano para discordar dessa lógica? Como pode o humano se insuflar com o Cosmos e decidir que o tempo não será mais engolido, que será sempre o mesmo, que não passará?

Quando Heráclito de Éfeso, filósofo pré-socrático, analisa o movimento e o tempo, e cunha a famosa expressão, ele diz que " *não se pode banhar duas vezes nas águas de um mesmo rio*", porque elas passam, elas são engolidas pelo tempo, quer explicar exatamente o que explica o mito. Imagine que as águas de um rio gostassem de uma margem, por alguma razão, por árvores mais frondosas, por pássaros cantadores, e decidissem parar. Ou imagine que as águas de um rio desgostassem de alguma margem mais árida, mais destruída por alguma corrosão, e, portanto, resolvessem passar mais rapidamente. Nenhuma das duas possibilidades é realizável. O rio tem o seu curso. É Kronos, antes de ser Cronos, comendo os seus filhos.

O primeiro exercício da paciência é não brigar com o tempo. Qualquer que seja o tempo. Se estou em um hospital, como paciente, preciso aguardar o tempo da recuperação. Um tempo que não decido. Quem decide o tempo de regeneração da pele, depois de uma cirurgia? Se estou em uma viagem aérea e não gosto de avião, preciso esperar o tempo que a distância dos espaços decidiu ser necessário para a minha chegada. Não adianta perder a paciência na primeira hora de voo, se ele tem duração de doze horas. É preciso esperar. Os tempos foram mudando ou, ao menos, a percepção dos tempos. Em anos não muitos distantes, esperava-se alguns dias pelo carteiro com a carta na mão. Hoje, se a mensagem não for respondida instantaneamente, porque é possível ver se a pessoa está online, perde-se a paciência.

Nas brigas de paixão, não poucas vezes, alguém pede um tempo. O que significa isso? Alguns dirão que quem pede um tempo é porque não quer mais. Outros dirão que quem pede um tempo é porque tem vida interior, é porque é melhor que percebam se preferem viver separados ou se é melhor limparem o que precisa ser limpo para voltarem a estar juntos. Uma limpeza também requer um tempo. Não se limpa uma catedral em alguns minutos, talvez nem em alguns dias ou meses, dependendo do tamanho. Imagine a catedral que é a vida interior de um ser humano. Quanto tempo demoro a tirar a sujeira de mim mesmo? Quem não é paciente com o tempo, depois do tempo pedido em uma história doída de paixão, não consegue esperar, liga pouco tempo depois, diz coisas das quais se arrepende. Liga novamente para se desculpar e depois liga para dizer o que acha que ficou faltando na conversa anterior. O que ficou faltando foi paciência.

Diz, o Capítulo 3, versículos de 1 a 8 do Livro do Eclesiastes:

Para tudo há um tempo, para cada coisa há um momento debaixo dos céus:

"Tempo para nascer,

e tempo para morrer;

Tempo para plantar,

e tempo para arrancar o que foi plantado;

Tempo para matar;

e tempo para sarar;

Tempo para demolir,

e tempo para construir;

Tempo para chorar,

e tempo para rir;

Tempo para gemer,

e tempo para dançar;

Tempo para atirar pedras,

e tempo para ajuntá-las;

Tempo para dar abraços,

e tempo para apartar-se.

Tempo para procurar,

e tempo para perder;

Tempo para guardar,

e tempo para jogar fora;

Tempo para rasgar,

e tempo para costurar;

Tempo para calar,

e tempo para falar;

Tempo para amar,

e tempo para odiar;

Tempo para a guerra,

e tempo para a paz."

O poema está no Antigo Testamento, em um contesto em que guerra e paz têm outro significado. Cada uma das partes pode ser interpretada à luz das religiões que foram dando luz a essas palavras. O que significa tempo para odiar, por exemplo? O ódio ao ódio. No ensinamento teológico das principais religiões monoteístas, odeia-se o pecado, nunca o pecador. Tempo para rasgar o quê? O que precisa ser rasgado e o que precisa ser costurado? O que precisa ser jogado fora e o que precisa ser guardado? Como saber? Paciência. Só o tempo e a fascinante capacidade de pensar me ajudam a concluir se joguei fora o que deveria ter jogado e guardei o que deveria ter guardado. E se eu perceber que fiz o contrário, que joguei fora o que deveria ter guardado? Paciência, o espaço, ou a vida, me dará, no tempo certo, outras possibilidades de acertar. Tempo para matar? De que morte trata o Eclesiastes? Que morte é necessária dentro de mim? As horas, os dias, os anos morrem, como vimos em Kronos faminto. Com as horas, os dias, os anos, há imaturidades que precisam morrer em mim, há vícios que precisam morrer para que virtudes nasçam. E, se eu errar nesse tempo de mortes e nascimentos, paciência. É possível e preciso tentar outra vez.

Em outro livro do Antigo Testamento, o Eclesiástico, no capítulo 2, versículos 1 a 3, a paciência é o tema central:

"Meu filho, se entrares para o serviço de Deus, permanece firme na justiça e no temor, e prepara a tua alma para a provação; humilha teu coração, espera com paciência, dá ouvidos e acolhe as palavras de sabedoria; não te perturbes no tempo da infelicidade, sofre as demoras de Deus; dedica-te a Deus, espera com paciência, a fim de que no derradeiro momento tua vida se enriqueça.

Vejamos alguns conceitos: "*espera com paciência, acolhe as palavras de sabedoria, não te perturbes no tempo da infelicidade, sofre as demoras de Deus.*"

As *palavras de sabedoria* estão nas pessoas e nos livros, estão em nós mesmos quando somos capazes de aprender com as quedas que tivemos na vida, com as escolhas erradas, com as feridas que outros nos causaram ou que nós mesmos nos causamos. É preciso ter amigos que tenham a liberdade de nos dizer, que nos possam lembrar que somos mortais, que extrapolamos nos erros, que é possível reencontrar a rota. Amigos que só dizem "sim" e nos invadem de elogios nos levam ao erro. Amigos que nos criticam com amor, isso foi dito por Santo Agostinho, nos enaltecem. É preciso ter ouvidos para ouvir. E pensar. Não que todos os ditos por amigos estejam certos, mas, para isso, tenho uma peneira psíquica que me ajuda a separar o bom do resto.

"*Não te perturbes no tempo da infelicidade*", que tempo é esse? São os tempos de amadurecimento, talvez. São as pausas necessárias. É a noite que separa um dia do outro. É o som do silêncio, em que as vozes descansam. É até o medo que faz com que eu perceba a morte tão perto de mim. Os tempos da pandemia não são tempos de alegria. As pessoas estão morrendo sem despedidas. Os abraços precisam ser apartados, os beijos ficam em espera. Tempos tristes em que muitos agem com insensatez, com desequilíbrio, com desrespeito à ciência. Dissemos que é preciso ter paz na ciência. E, quando a ciência ensina o isolamento social, é preciso paz para compreender. No tempo da infelicidade, eu posso me perturbar ou aprender. O paciente sabe aguardar. Se o mar está revolto, o paciente aguarda com sua embarcação.

"Sofre as demoras de Deus". Transformamos Deus em um pronto-socorro, recorremos a ele e decidimos que queremos dele a cura imediata, e sentimos que ele está demorando a nos atender. Quem está errado: Deus ou eu? Deus erra? Se errasse, não seria Deus. Talvez seja meu o erro de criar um deus para a solução dos meus problemas. Os meus problemas são meus, paciência. E é diante dos meus problemas que utilizo a capacidade que Deus me deu para solucioná-los.

Voltemos à "Teogonia" de Hesíodo; no início, havia o Caos. E voltemos ao conceito do Verbo, inscrito no Gênesis, livro que abre o Antigo Testamento.

Fiat lux, que traduz, faça-se a luz! É como se, no coração de Deus, estivesse o mundo que seria criado; no pensamento de Deus, tudo estava presente. E, depois do pensamento, veio a palavra e, exatamente por isso, a palavra veio cheia de luz e foi capaz de criar. Platão dizia que:

"A paz do coração é o paraíso dos homens."

Um coração em paz, dificilmente, elabora palavras de ódio, de perversidade. O coração, nas várias filosofias antigas, tem o simbolismo da centralidade. O risco é a distração. Ptahhotep, pensador do Egito Antigo, dizia:

"Não viver de acordo com o coração faz desaparecer o coração."

Alguém poderá dizer que o coração é apenas um órgão que bombeia sangue para todos os outros órgãos. E é. Não estamos discutindo se os afetos moram no cérebro ou no coração, se a vontade maior que conduz o existir mora no cérebro ou no coração. Aqui estamos percorrendo o terreno do simbólico. O coração simboliza a centralidade. Por isso, não pode ter excessos. Por isso, não pode bombear mais para um lado do que para o outro, não pode se esquecer de um em detrimento do outro. O coração de uma cidade antiga era a catedral que ficava no centro, explicando que toda aquela cidade deveria se lembrar do sentido do sagrado. A verticalidade, relação com Deus, protegia a horizontalidade, relação entre irmãos.

Antes da palavra ser dita, houve, então, o pensamento, morador do cérebro ou do coração, não importa. Mas o mundo estava ali. E fora dali nada havia. Tudo estava em Deus. A palavra, quando está no homem, ainda não existe no mundo. Quando a palavra é dita, passa a existir. E quando passa a existir pode ser luz ou pode ser trevas. As palavras, ditas com impaciência, dificilmente trazem luz. É comum o arrependimento depois da palavra pronunciada. Muitos males poderiam ser evitados se a palavra não tivesse sido dita. E por que foi dita? O que faltou para a elaboração da palavra? O que faltou para o uso da inteligência na escolha da palavra correta?

Diz-se que São Felipe Néri[7] era conhecido por dar penitências diferentes aos fiéis que se confessavam com ele. Certa feita, uma mulher, ao se confessar, disse a ele que havia cometido o pecado de falar mal do próximo. E disse, ainda, que não era a primeira vez. Sempre incorria no mesmo erro. São Felipe Néri primeiro a elogiou por reconhecer o erro e depois deu a seguinte penitência: ela deveria depenar uma galinha e sair caminhando pelas ruas de Roma, espalhando as

7. Filipe Néri foi Apóstolo de Roma e considerado o Santo da Alegria da igreja católica.

penas. E, depois, deveria voltar até ele para receber a segunda parte da penitência. Assim fez a mulher, saiu pelas ruas espalhando as penas. E depois voltou a estar com o padre. E, então, ele deu a segunda parte da penitência, dizendo que agora deveria recolher todas as penas, não deixando uma sequer. A mulher apavorada disse ao padre que não era possível fazer isso. O vento já havia espalhado aquelas penas. E o Santo conclui explicando que com a fofoca é a mesma coisa. Depois da palavra dita já não se recolhem as suas consequências.

No filme "A dúvida", de John Patrick Shanley, há uma cena que narra esse mesmo ensinamento. A dúvida deveria ser a razão necessária para nos silenciarmos. Se tenho dúvida, é melhor aguardar. Se não tenho dúvida, é porque há em mim alguma arrogância que será corrosiva nas minhas relações com o outro. Em qualquer ocasião, o melhor é pensar antes de permitir que a palavra ganhe vida e que interfira na vida de outras pessoas.

E por que falarmos tanto sobre a palavra no capítulo da paciência? Porque há uma impaciência generalizada nas coisas que são ditas. As redes sociais povoam impropriedades de palavras nascidas, divorciadas dos pensamentos. Há muitos que, antes de entrevistas de emprego, são aconselhados a apagar boa parte do que publicaram em suas redes. Frases impensadas, ataques contra outras pessoas ou ideias, exibicionismos, tudo em nome de alguma aprovação. De mais curtidas. De mais comentários. Os afetos não moram nas máquinas, mas nas pessoas e na relação entre elas. Lembrar-se daquele ensinamento antigo em que se dizia que, antes de xingar alguém, era melhor contar até dez, continua a nos ajudar. É um símbolo que significa, espere um pouco, paciência, deixe passar esse sentimento menor.

A palavra se reveste de significado quando a ela dou significado. Os sábios compreendiam o significado dos dois ouvidos e de uma única boca. O silêncio necessário, o tempo da decantação das informações que recebo, a luta contra a ansiedade. O romantismo da espera. Quando há não muito tempo, as pessoas se sentavam junto ao fogão a lenha e esperavam o tempo do aquecimento, o tempo do cozimento e, enquanto isso, proseavam, sabiam que havia várias formas de aquecer aquela relação. Em paz. Em tudo, em paz. No amor, em paz.

A delicadeza de o "Bilhete", de Mario Quintana:

"Se tu me amas, ama-me baixinho
Não o grites de cima dos telhados
Deixa em paz os passarinhos
Deixa em paz a mim!

Se me queres,

Enfim,

tem de ser bem devagarinho."

A paz interna é a amálgama que constrói a paz no mundo e é, ao mesmo tempo, por ela construída. Se o tempo é de pausa, que tenhamos a consciência e a paciência de construir o tempo que virá depois. Melhor do que hoje? Essa é a utopia que nos move. O coração que pulsa no sagrado dos nossos sentimentos precisa bombear virtudes, palavras e ações corretas, honestidades que representem o que acreditamos para a melhoria do mundo. Se olharmos para a história, poderemos constatar que melhoramos em muitos cenários. A consciência da horizontalidade, que defende o fim dos preconceitos, foi uma grande conquista. As declarações dos direitos humanos, o respeito às diferenças, o fim dos tempos de escravidão, tudo isso nos aponta para a expansão da alma que surgiu depois de tantos lutos. O luto da dor dos escravos sofrendo expandiu a alma humana. O luto da dor das grandes guerras mundiais gerou compromisso entre os países para a perpetuação da paz. Mas as tormentas prosseguem, as violências são muitas, frutos de mentes desconectadas do coração e dos pensamentos.

humildade

O que significa a palavra humildade? Que conceitos ela nos empresta para vivermos melhor?

Humildade vem do grego *humus*, que significa terra. Viemos da terra e a terra voltaremos. Essa é uma das orações próprias que a Igreja Católica usa na quarta-feira de cinzas, para nos lembrar do valor da humildade, o ensinamento bíblico, **Genesis** 3:19

"Lembra-te que és pó e ao pó hás de voltar."

Que encontra um sentido semelhante ao que os romanos faziam quando um comandante militar voltava de uma guerra e recebia as honras de todo o povo. O general triunfante era chamado de *vir triumphalis*, ou seja, homem triunfador. Ele poderia usar esse chamamento pelo resto de sua vida. Havia algumas exigências para receber o triunfo, bem como uma ordem para o desfile triunfal. Era uma grande glória em que Roma mostrava todo o seu poder e incentivava os seus homens a lutar pelo grande império. Mas havia algo muito significativo em meio a toda essa opulência. Na carruagem principal, onde estava o homenageado, estava também um escravo, constantemente lembrando o general de sua mortalidade. As palavras que se julgam serem ditas eram:

"Respica te, hominem te memento." (olhe atrás de você, lembre-se de que você é apenas um homem).

"Memento mori." (lembra-te que és mortal).

O sentido é o mesmo, a consciência da mortalidade tem um efeito essencial no existir humano. Saber que o fim existe dá outro comando para a vida. Pensar na morte ajuda a viver melhor, é isso o que Epicteto quer dizer quando afirma:

"Lembre-se sempre, por exemplo, quando abraçar seu filho, seu marido ou sua mulher, de que está abraçando um ser mortal. Assim, se um deles morrer, você será capaz de suportar a dor da perda com maior serenidade."

Epicteto empresta ao menos dois sentidos a esse contexto. O primeiro é a necessidade de tratar a todas as pessoas com o amor necessário como se delas fôssemos nos despedir. E a segunda é termos a consciência da mortalidade. Essa é a verdade incontestável da vida, todos nós haveremos de morrer. O entranhamento dessa verdade já deveria causar em todos os homens o nobre sentimento da humildade. Temos em comum esse fim. O fim como término da jornada da vida que se conhece e o fim como finalidade da mesma vida. O que estamos fazendo aqui? É uma das grandes questões filosóficas que se somam às outras duas, de onde viemos e para onde vamos?

A compreensão da mortalidade é um convite a viver com humildade. A humildade jamais pode ser encarada como uma depreciação de si mesmo, como uma subserviência; como sou humilde, devo me humilhar diante do outro. Não. Somos igualmente *humus*, terra; somos igualmente mortais, viemos do pó e ao pó voltaremos. A humildade desenvolve em nós um conceito de que já tratamos, o da horizontalidade. Não há razão alguma para a superioridade de um ser humano em detrimento de outro ser humano. Mesmo os homens considerados mais sábios, mesmo os que deixaram obras mais visíveis, os que povoaram a humanidade com as suas virtudes, mesmo esses, são homens, imperfeitos, mortais, filhos da mesma terra de que os outros. Tão miseráveis como todos os outros. Tão sedentos, tão carentes de amor, tão frágeis. É isso o que diz Spinoza:

"A humildade é uma tristeza nascida do fato de o homem considerar sua impotência ou sua fraqueza."

Vamos tentar imaginar a relação entre a tristeza e a fraqueza do homem e seu amadurecimento. A tristeza é uma solidão necessária, é um sentimento que nos ajuda ao encontro essencial com o nosso interior. O que nos deixa tristes? Perder alguém que amamos? Uma doença? Uma limitação? Uma frustração diante de algum projeto? Uma porta que se fechou? Um "não" que não conseguimos compreender? Uma ordem que parece tirar de nós a liberdade? Um impedimento? E qual é o resultado dessa tristeza dentro de nós? O pensamento expandido faz com que a cada um desses limitadores do agir humano se obtenha um aprendizado. Por que a porta se fechou? Como faço para abrir outras portas? Por que estou doente? O que faço com a minha doença? O que faço com a consciência de que a minha doença pode tirar de mim preciosidades da minha vida ou até a minha própria vida? De quem eu preciso? Do outro. Sempre precisarei de um outro. Do colo de mãe, se tenho mãe. Do carinho de pai, se tenho pai. Do filho, do irmão, do amigo. Eu sempre vou precisar de alguém para dividir a fragilidade dos meus sentimentos. Por mais forte que eu tente demonstrar, eu vou desmoronar emocionalmente, porque é essa a minha constituição. Então, o sofrimento faz parte de quem eu sou.

Da mesma palavra *humus*, que dá origem a humildade, vem a palavra homem. O homem e o humilde vêm, assim, de um mesmo conceito. Tanto o homem quanto a humildade me colocam no chão, na terra. Estar no chão não significa que não possa sonhar, que não possa construir uma identidade própria, uma singularidade.

Vamos ao poeta, Fernando Pessoa, em sua Tabacaria.

"Não sou nada.

Nunca serei nada.

Não posso querer ser nada.

À parte isso, tenho em mim todos os sonhos do mundo."

O início do poema trata do dualismo entre o que sou e o que posso ser. Eu preciso me reconhecer um nada, um ser falho, miserável, mortal, imperfeito para que depois eu possa descobrir em mim o que pode me fazer único, irrepetível, singular. *Não sou nada* tem a força socrática que diz que *só sei que nada sei*. É necessário ter essa humildade, para dar qualquer outro passo, em direção à vida ou a consciência de que *tenho em mim todos os sonhos do mundo*.

Os sonhos nascem de uma mente que vive em um corpo que mora na terra. A terra é o princípio. Vim sem nada, nu no corpo e nu na alma. Vim repleto de possibilidades, porque não sou previamente determinado, vim livre, então. Mas vim nu. E o reconhecimento da minha nudez é o primeiro passo para que eu me cubra das vestimentas que decidir e que, quando necessário, troque as roupas que já não mais me agasalham.

"Janelas do meu quarto,

Do meu quarto de um dos milhões do mundo que ninguém sabe quem é.

(E se soubessem quem é, o que saberiam?),"

O que representam as janelas do meu quarto? O que elas são capazes de mostrar? As janelas do meu quarto são uma ou duas, diante dos milhões de quarto que, também, têm milhões de janelas no mundo. E das janelas não se vê nada. Há muito mais que não se pode ver quando se vê. Quanta superficialidade em conclusões apressadas nos que não têm a humildade de dizer, *só sei que nada sei*. A necessária humildade intelectual daquele que busca, que estuda, que tem afinco, mas, que, inclusive para tudo isso, se sabe imperfeito.

"Dais para o mistério de uma rua cruzada constantemente por gente,

Para uma rua inacessível a todos os pensamentos,

Real, impossivelmente real, certa, desconhecidamente certa,"

A rua é constantemente cruzada por gente, mas é inacessível aos pensamentos. Há milhões, há bilhões no mundo. Como compreender o existir humano? Além dos bilhões que vivem conosco nos nossos dias, há os outros tantos que já se foram. E há ainda os que virão. O que me dá, então, o direito de imaginar que a minha verdade seja superior à verdade de ontem ou à verdade do amanhã? Ou ainda que a minha verdade seja mais verdade do que a daquele que vive em um canto do mundo que eu nem conheço? É tudo desconhecidamente certo, aliás, a certeza está no desconhecimento. A ausência da humildade leva líderes religiosos a insuflarem seus seguidores, em nome de uma verdade, a matarem uns aos outros. Aprendemos esses radicalismos, esses extremismos com o passado? Talvez, não.

"Com o mistério das coisas por baixo das pedras e dos seres,

Com a morte a pôr humildade nas paredes e cabelos brancos nos homens,

Com o destino a conduzir a carroça de tudo pela estrada de nada."

O poema prossegue nesse mesmo dual, de possibilidades e impossibilidades, de nada e de tudo, da morte a pôr humildade nos homens. E fala dos equívocos dos que se imaginam sabedores da verdade. Vamos um pouco mais adiante:

"Falhei em tudo.

Como não fiz propósito nenhum, talvez tudo fosse nada.

A aprendizagem que me deram,

Desci dela pela janela das traseiras da casa,

Fui até ao campo com grandes propósitos.

Mas lá encontrei só ervas e árvores,

E quando havia gente era igual à outra."

Os tempos atuais são tempos em que os mitos de perfeição são profundamente danosos na formação das mentes e das histórias das pessoas. Ninguém pode falhar. Ninguém pode deixar de ter sucesso. O poeta assume, *falhei em tudo*. E vai explicando o que quer dizer. Que fique claro que um poema tem muitas explicações, mas cabe ao leitor poetizar a alma, os sentimentos com a poesia. Mas vamos lá, a admissão, *falhei em tudo*, é essencial para compreender o que ele quer dizer. E ele foi ao campo, que é o próprio existir. E encontrou gente. Quando encontro gente aos montes, é tudo igual. Ou andam. Ou estão sentados. Ou estão falando. Ou em silêncio. Mas se vejo a multidão que não conheço, o que vejo é que é tudo igual. É como olhar ao longe as vacas que pastam serenamente na terra. É tudo igual. Ou os carneiros que seguem seu pastor. Tudo igual. Quando fica diferente? Quando eu conheço. É por isso que o tema amor, que trataremos mais para frente é tão fundamental. É o amor que me retira da multidão e que me dá importância, que me faz único.

Pessoa nos ajuda nessa reflexão:

"Que sei eu do que serei, eu que não sei o que sou?

Ser o que penso? Mas penso tanta coisa!"

Novamente o pensamento socrático, *só sei que nada sei*. E o que penso, pode me fazer ser o que sou?

Voltemos a Pessoa:

"Em todos os manicômios, há doidos malucos com tantas certezas!

Eu, que não tenho nenhuma certeza, sou mais certo ou menos certo?"

Sócrates, quando a ele foi revelado no *Oráculo de Delfos* que era o mais sábio dos homens, saiu por Atenas, decidido a encontrar alguém mais sábio do que ele. Pesquisou um a um. E cada um se achava o mais sábio. Concluiu ele, então, que se o Oráculo estivesse certo era por uma única razão, ao contrário dos outros todos, ele, *Sócrates*, sabia que nada sabia.

E, então, Pessoa que de Sócrates conhecia:

"Fiz de mim o que não soube

E o que podia fazer de mim não o fiz.

O dominó que vesti era errado.

Conheceram-me logo por quem não era e não desmenti, e perdi-me.

Quando quis tirar a máscara,

Estava pegada à cara.

Quando a tirei e me vi ao espelho,

Já tinha envelhecido."

Que máscara é essa que usamos e que, quando a retiramos, já não mais nos reconhecemos? Por que deixamos que pensem de nós o que não somos? Por que nos enfeitamos de mentiras para agradar as outras pessoas? Fernando Pessoa não viveu nos tempos das redes sociais, mas o que diria ele das máscaras tantas que se vão usando para o recebimento de elogios daquilo que não são?

O poema vai seguindo com a contradição entre o nada e o que se é. A personagem morrerá, o dono da Tabacaria morrerá e outras coisas morrerão. E, de repente, ele brinca com a realidade e fala de um homem que entrou na Tabacaria. E assim prossegue essa coerência entre *o nada* e *todos os sonhos do mundo*. Ao final do poema aparece um homem, o único que tem um nome, é o *Esteves, sem metafísica. Esteves* é um nome e é ao mesmo tempo o verbo estar no pretérito, acompanhando do sintagma, *sem metafísica*. Foi tudo o que ele esteve a fazer no mundo, a personagem, misturando os sonhos com a realidade daquela janela, daquela rua, daquela Tabacaria. E, assim, termina o poema:

"*Como por um instinto divino o Esteves voltou-se e viu-me.*

Acenou-me adeus, gritei-lhe adeus ó Esteves! E o universo

reconstruiu-se em mim sem ideal nem esperança, e o dono da Tabacaria sorriu."

Além da explicação do verbo, pode-se imaginar que o que Fernando Pessoa queria era um final esperançoso, um homem o viu, um homem o reconheceu, um homem deu sentido ao seu olhar para o mundo. E é disso que se trata a vida, de encontros, de pessoas que nos veem, que se somam a nós na trajetória. Ninguém vai sozinho. E aquele encontro entre os dois foi tão significativo que *o dono da tabacaria sorriu.* Fernando Pessoa é um, é muitos. É o que sofreu e o que escreveu cartas de amor. Conta-se que o primeiro poema do menino de cerca de sete anos, foi para sua mãe. O pai de Pessoa havia morrido e ela havia se casado com outro homem, por procuração, que vivia na África do Sul. E para lá se mudaria, deixando o filho. Ele, sofrido, quis ir, e escreveu um poema à mãe. Deu certo.

O sorriso não é uma encenação na trama da vida. Há tanto de falsidade nas relações humanas que o sorriso virou a consequência de algum ensaio que fizemos antes para que pudéssemos nos dar bem. O sorriso precisa ser coerente com os sonhos que há em mim e que há nos outros. Com os encontros necessários que a vida proporciona, com os ensinamentos que o outro acrescenta à minha vida e que eu acrescento à vida do outro.

A humildade me ajuda a reconhecer o meu estar no mundo e o meu contentamento comigo mesmo.

Não como uma dimensão egoica, mas como uma poética do existir cotidiano. Se vou morrer, é preciso que eu aproveite os instantes mais comuns da minha vida e os valorize. Que eu encontre a poética do que vejo da minha janela, que eu busque a simplicidade no que meus olhos são capazes de ver. Sem ostentações desnecessárias. Os sonhos sim, sempre. Os exageros não, nunca. Os gregos já criticavam a falsa medida.

A humildade é irmã da simplicidade, a mais leve das virtudes. O contentamento com o que tenho, com os dias que tenho, com as pessoas que a vida me deu para compartilhar.

Chico Buarque, Garoto e Vinícius de Moraes, explicam, em "Gente Humilde", a poesia da simplicidade:

"Tem certos dias em que penso em minha gente
E sinto assim todo o meu peito se apertar
Porque parece que acontece de repente
Como um desejo de eu viver sem me notar

Igual a como quando eu passo no subúrbio
Eu muito bem, vindo de trem de algum lugar

E aí me dá como uma inveja dessa gente
Que vai em frente sem nem ter com quem contar

São casas simples com cadeiras na calçada
E na fachada escrito em cima que é um lar
Pela varanda, flores tristes e baldias
Como a alegria que não tem onde encostar

E aí me dá uma tristeza no meu peito
Feito um despeito de eu não ter como lutar
E eu que não creio, peço a Deus por minha gente
É gente humilde, que vontade de chorar."

A canção nos remete ao cotidiano e mistura de feliz maneira, os conceitos de humildade e simplicidade. O olhar dos poetas descansa *nas casas simples com cadeiras na calçada*. E que acima,metaforicamente, sugerem que ali há *um lar*. Há um lar onde os afetos se encontram, onde alguém sorri porque reconheceu um outro, onde a vida se vive sem as arrogâncias que dela nos afastam. O contrário do humilde é o soberbo. A soberba é o primeiro dos sete pecados capitais. A ele se seguem a avareza, a luxúria, a ira, a gula, a inveja e a preguiça. E por que a soberba é justamente o primeiro? Porque, talvez seja o pecado que, por primeiro, nos desumaniza. Se, humildade, e humanidade, vem do mesmo vocábulo grego, *humus*, há algo entre eles. A humildade nos humaniza, nos aproxima. A soberba nos afasta, nos separa. O soberbo não se sente na condição de mais nada aprender, porque sabe tudo. Se tudo sabe, deixou de lado uma condição básica do existir humano, estar constantemente em construção. Se estou construído, não há mais vida em mim. Estou estacionado. Além do que, o soberbo peca contra a gentileza, virtude de que falaremos logo a seguir. O soberbo tem uma surdez social. É incapaz de ouvir o outro, porque julga que sua voz já é suficiente.

Vejam quantos soberbos apareceram nesses tempos de pandemia, em que deveríamos minimamente ter a humildade de ouvir os cientistas. E ao contrário dos soberbos, que deram péssimos exemplos, muitos cientistas surgiram louvando a humildade, apresentando seus estudos com cuidado, explicando que é da dúvida que a ciência evolui e não da verdade absoluta. A verdade absoluta, os dogmatismos atrapalham a ciência como atrapalham a ciência os discursos apressados que utilizam parte do conhecimento para justificar o todo.

A política, nesses tempos, mostrou cuidados e horrores, responsabilidade e insensatez. Alguns líderes se notabilizaram por conseguirem conduzir de forma segura e serena os seus países; outros, transformaram um dos mais sérios episódios dos nossos tempos em disputas ideológicas, em discursos desprovidos de humildade e racionalidade.

A humildade é uma virtude que amplia as outras, porque parte da terra de onde todos nós estamos para os sonhos comuns que melhoram o mundo onde todos nós vivemos. O humilde caminha de mãos dadas, o arrogante, como vive de baixezas, tenta abaixar os outros com seus gritos desumanos. Francisco de Assis, o que nem precisa grande explicação, disse que,

"Apenas um raio de sol é suficiente para afastar várias sombras."

A humildade é um sol em um mundo permeado por arrogâncias. Prossegue, ensinando ele, sobre a humildade:

"Ninguém é suficientemente perfeito que não possa aprender com o outro; e ninguém é totalmente destituído de valores que não possa ensinar algo ao seu irmão."

gentileza

Como cultivar o valor da gentileza?

Devo ser gentil mesmo com quem comigo não é gentil?

A palavra gentileza vem do latim, *gentilis*, que significa da mesma família, que tem o mesmo *gene*. Que, na antiga corte, concretizava-se com cortesia.

Há um aspecto a ser analisado que pode gerar alguma visão preconceituosa de que na corte só se era gentil com quem era da corte. Os que não pertenciam à corte, não mereciam o mesmo tipo de tratamento. Pode-se, assim, chegar à conclusão semelhante quando se fala da família. Sou gentil com a minha família e apenas com a minha família. Se formos um pouco além, na origem da gentileza para os povos indo-europeus, o prefixo *gen*, significa dar à luz, ou iluminar o mundo com a bondade, com a beleza. A gentileza é o rosto do bom e do belo no mundo, é a face externa da força interior que me convence de que o outro tem a mesma importância que eu tenho no mundo.

A gentileza vem de uma força intrínseca, ela ilumina porque nasce do motor limpo que é o meu coração. Ela é autêntica. A gentileza não é um gesto ensaiado, uma superficialidade que visa algum interesse. O único interesse do gesto gentil é o que o Profeta Gentileza espalhava pelo mundo em que viveu:

"Gentileza gera gentileza."

Marisa Monte imortalizou essa simplicidade na bela canção:

"Apagaram tudo

Pintaram tudo de cinza

A palavra no muro ficou coberta de tinta

Apagaram tudo

Pintaram tudo de cinza

Só ficou no muro tristeza e tinta fresca

Nós que passamos apressados

Pelas ruas da cidade

Merecemos ler as letras e as palavras de gentileza

Por isso eu pergunto a você no mundo

Se é mais inteligente o livro ou a sabedoria

O mundo é uma escola

A vida é um circo

"Amor" palavra que liberta

Já dizia o profeta."

Por que pintaram tudo de cinza? Por que apagaram as letras e os sentimentos de gentileza? Por que não valorizaram a sabedoria? A simplicidade do Profeta só queria explicar que a gentileza nasce de dentro para fora. Mas é de fora para dentro que podemos acordar o que está adormecido em nós.

A gentileza não pode ter nenhum interesse a não ser a gentileza. É o que traz luz, como já citado. E a luz não exige recompensas. Ilumina, é essa a sua função.

Kant, um dos grandes pensadores do humanismo contemporâneo, fazia uma distinção entre o imperativo categórico e imperativo hipotético. A análise se dá na deontologia das intenções. O que me motiva a fazer o que faço? Vamos voltar a uma frase de Kant que já usamos:

"A inumanidade que se causa a um outro destrói a humanidade em mim."

Kant estabelece a necessidade de um esclarecimento, que faz com que o ser humano saia da menoridade, que deixe de ser tutelado pela razão alheia e se emancipe moral e eticamente. A autonomia, que deve ser perseguida pelo ser humano, é a que faz com que suas escolhas sejam frutos de uma decisão racional, e não de impulsos gerados por desejos que diminuem o humano.

O imperativo categórico, segundo Kant, é o racional em si mesmo:

"Age, de tal forma que tu possas querer que tua máxima deva torna-se uma lei universal."

Ou,

"Age de tal forma a tratar a humanidade, seja na sua pessoa seja na pessoa de outrem, nunca como um simples meio, mas sempre ao mesmo tempo como um fim."

No imperativo categórico, eu faço o bem por acreditar na força do bem. Eu faço o que faço e o faria em outras circunstâncias, imaginando que se todas as pessoas fizessem o mesmo, a humanidade não sairia perdendo.

No imperativo hipotético, ao contrário, eu faço o bem por algum interesse, por alguma finalidade específica, para que eu, e não a humanidade, saia ganhando.

Já falamos sobre isso no capítulo da Generosidade; se sou generoso para ganhar as honras e as glórias, não sou generoso, sou carente de aduladores, sou da orla dos interesseiros.

A gentileza tem que ter um fim em si mesma e não ser um meio para se atingir algum fim, senão não é gentileza. Se sou gentil posso até, por essa razão, ter mais clientes no meu negócio. Nisso não há nenhum problema. Mas se sou gentil, apenas para ter mais cliente no meu negócio, só serei gentil em algumas circunstâncias, o que diminui o caráter valorativo da gentileza.

Há algumas pessoas, por exemplo, que só são gentis quando há uma câmera ligada, porque se preocupam com a própria imagem. Quando não há testemunhas, tratam as outras pessoas com indiferença ou deselegância. Então, são gentis como um imperativo hipotético, isto é, são gentis em algumas hipóteses. Sou gentil com meu chefe, porque dependo dele. Mas não sou gentil com o meu comandado, porque é ele quem depende de mim. Novamente, hipotético.

O imperativo categórico, ao contrário, é a consciência plena da virtude, é como se eu abrisse as comportas do meu coração e deixasse sair o que cultivo dentro de mim. É autêntico, não é ensaiado. É definitivo, não é provisório. Não que o cultivador da gentileza não cometa erros, mas os erros são mais facilmente corrigíveis porque a intenção não é interesseira, mas livre. O hipotético é sempre escravo de uma hipótese. Preciso tratar bem o dono da festa porque ele tem uma faculdade e eu espero ser professor na faculdade dele. Sou, assim, escravo da consequência da minha ação, projeto nele um interesse. Espero dele uma retribuição ao meu ato gentil. O que é gentil categoricamente é livre, porque não está esperando nada em troca, como o generoso.

Kant ao falar do cultivo dos valores categóricos, remete a dois conceitos utilizados por Aristóteles e pelos estoicos, que são, *Eudaimonia* e *Ataraxia*.

Eudaimonia é a consciência de que a felicidade mora dentro de mim. E que a felicidade é um fim nela mesma. Eu não posso ser feliz por causa disso ou daquilo. Eu sou feliz por acreditar que é essa a grande vocação humana. E, assim, mesmo nos dias tristes, eu prossigo sendo feliz. Felicidade e tristeza não são contraditórias, não se anulam. Há momentos em que passo por uma grande adversidade e permaneço feliz, pois sei compreender, inclusive, a transitoriedade das coisas e, assim, posso ser gentil comigo mesmo. A *Eudaimonia* dialoga e se alimenta de outro conceito que é a Ataraxia, que significa estar em paz comigo mesmo. É muito mais simples compreender a força que há em mim e que me leva a percorrer, autonomamente, o caminho da felicidade, quando estou em paz. Essa é uma das características de quem externa a gentileza, estar em paz consigo mesmo.

Para o desenvolvimento dessa autonomia, que é o contrário da heteronomia (que significa agir de acordo com determinações exteriores), Kant explica a força da educação, como já dissemos, mas vale a pena repetir:

"O homem não é nada além do que a educação faz dele."

Nesse mesmo diapasão, escreve Victor Hugo:

"Não existem ervas más,
não existem homens maus.
Existem somente maus cultivadores."

Nascemos gentis ou aprendemos a gentileza? Certamente, o homem nasce com muitas potencialidades, mas nasce precisando aprender. Sozinho, esse animal social não é capaz de desenvolver nada. E admiti-lo mau, por natureza, é desconsiderarmos a beleza da criação. Por que, o Artista, tão perfeito, teria criado alguns homens bons e outros homens maus?

Então, a gentileza é um aprendizado. Por isso, tem razão, o Profeta Gentileza: "*gentileza gera gentileza.*"

Voltemos um pouco ao imperativo categórico, imaginemos um profissional que trabalha em uma empresa de aviação e que recebeu um treinamento para que a cada resposta pudesse enfeitar com um sorriso. Se não houver nada mais profundo no interior desse profissional, aquele sorriso ensaiado poderá mais irritar do que acalmar os passageiros que se inquietam com os atrasos. Não se treina a gentileza, treina-se até o sorriso ensaiado, mas a gentileza é algo mais profundo. Educa-se para a gentileza, ampliando repertórios e auxiliando a compreensão do estar no mundo, do conviver no mundo.

Quando falamos, no capítulo do Respeito, sobre enxergar o outro, isso vale também para a gentileza. Enxergar o outro é mais do que ver, é compreender, é ir com cuidado, é escolher as palavras corretas para se dizer uma verdade.

Há uma história de um antigo rei que teve um sonho e ficou muito preocupado com os simbolismos que julgou estarem nos seus sonhos. Então, ele chama um dos seus ministros e conta o sonho e pede a ele que o interprete. O ministro não teve dúvidas, disse que o sonho apresentava um futuro sombrio, que toda a sua família haveria de morrer. O rei, enfurecido com a revelação, mandou que os soldados dessem chibatadas naquele ministro desafortunado. Ainda preocupado, o rei chamou outro ministro e novamente contou o sonho, com os mesmos detalhes que contara ao ministro anterior. O ministro, calmamente, foi explicando ao rei que o sonho era bom, que ele viveria muito, muito mais do que todos os membros da sua família. O rei, satisfeito, mandou dar a esse ministro um punhado de moedas de ouro. Quando os dois ministros se encontraram, o desafortunado disse ao outro que a interpretação dele era um absurdo, que a família toda iria morrer. O que recebeu as moedas de ouro disse que não disse outra coisa, que apenas escolheu melhor as palavras para narrar uma verdade.

A verdade também precisa de gentileza. A verdade é uma pedra preciosa, que lançada ao outro, sem os devidos cuidados, dói, machuca. Mas que, embrulhada corretamente com a gentileza, cumpre o seu papel sem trazer grandes danos.

Lembro que uma tia muito querida recebeu do médico a notícia de que estava com câncer de mama. Muito desesperada, ela me ligou chorando. O médico disse que ela deveria operar com urgência. Eu a levei em outro médico, que sabia ser muito gentil. Ao contrário do primeir , a consulta foi demorada. Ele quis saber da vida da minha tia. Com cuidado, disse que o tumor era pequeno, que a cirurgia seria simples, que ela sairia com os seios novos, que havia enfermeiros bonitos no hospital. Minha tia, reclamando e gostando, disse que tinha 70 anos e que não pensava mais em namoros, mas queria ficar boa. O médico prosseguiu, explicando que a mãe dele havia passado por cirurgia semelhante e deu mais alguns detalhes. Minha tia quis saber se tinha que operar com urgência. O médico calmamente disse que não. Mas que, como estava com todos os exames, era melhor fazer dois dias depois, para que minha tia pudesse ficar boa logo e preparar um almoço árabe para ele. E assim foi feito. Os dois médicos não disseram coisas diferentes. Mas um, como o ministro sábio, embrulhou com mais gentileza a verdade, por respeitar o outro, por saber a dor que a verdade poderia causar. Um médico oncologista está acostumado a ver exames que apontam uma doença. O doente não está acostumado. Se um médico que opera câncer de mama faz isso diversas vezes em um mês, uma mulher só tem duas mamas. E é exatamente por isso que, em respeito à dor, ela sente com a notícia, que o médico precisa embrulhar com mais gentileza aquilo que vai entregar.

Os tempos da pandemia são tempos de preocupações com a vida e também com a economia. Muitos perderam o emprego. Muitos empresários fizeram de tudo para não demitir os seus funcionários. Mas, em alguns casos, foi inevitável. Novamente o tema da gentileza e da verdade. Posso demitir friamente mandando uma mensagem, talvez. Posso ter o cuidado de explicar o quanto aquele profissional é necessário e o quanto é pesaroso para a empresa perder alguém com tanta qualidade. É a gentileza empacotando cuidadosamente a verdade.

Schopenhauer, filósofo do início dos tempos contemporâneos, para explicar a complexa questão da convivência humana conta, em forma de parábola, o dilema do porco-espinho. Alguns porcos-espinho se amontoavam buscando calor em um dia de muito frio em um rigoroso inverno. Faziam isso com medo de morrerem de frio. Só que, ao se aproximarem tanto, perceberam que estavam ficando feridos. Um feria o outro com os seus espinhos. E a dor fazia com que, novamente, se afastassem. Até que, aos poucos, foram encontrando a medida certa de se proteger do frio e de se proteger de si mesmos. É a visão do pensador com relação à sociedade. Não conseguimos viver sozinhos, afastados. Somos seres da convivência, precisamos, inevitavelmente, uns dos outros. Mas, ao mesmo tempo, se ficarmos próximos demais, se invadirmos o outro com os nossos espinhos, somos capazes de causar muita dor. E todos nós tempos espinhos. E todos nós, se não formos cuidadosos conosco e com os outros, deixaremos marcas profundas. Para isso, na mesma linha de Kant, Shopenhauer propõe uma educação para a vida interior:

"Desde jovem, percebi que os outros lutavam por bens exteriores, o que não me interessava, pois eu tinha dentro de mim um tesouro muito mais valioso do que todas as posses materiais. O mais importante era aumentar esse tesouro, bastando desenvolver a mente e ser totalmente livre."

Sobre a arte, tão essencial à vida interior, há muitas reflexões, vejamos essa imagem que Schopenhauer conduz a nossa imaginação :

"A arte é uma flor nascida no caminho da nossa vida, e que se desenvolve para suavizá-la."

A combinação de vida interior com a sensibilidade artística desenvolve, no humano, o melhor do humano. E vejam que Schopenhaeuer é apresentado, muitas vezes, como o filósofo do pessimismo. Isso porque ele vai contra toda a forma de ilusão, ele quer que o homem compreenda na vontade a sua razão de estar no mundo. E a vontade é autêntica, por isso vida interior e arte. Quando Schopenhauer fala sobre o objetivo supremo da vida, chega a dizer que o homem, se perguntado sobre isso, em geral, não saberá dizer. Parece, assim, que a existência não tem sentido. E nos resumimos a desejos que nos levam ao sofrimento ou ao tédio, quando conseguimos atingir os desejos e não mais os queremos. É o mito de Don Juan, que precisa conquistar o tempo todo. Que quando não conquista, sofre; quando conquista, fica entediado. O que acontece com o Don Juan é que ele vai se consumindo humanamente. Don Juan nada tem de livre, é escravo de uma competição que ele mesmo criou, sem se dar conta. Parece em sua filosofia que vida é, em essência, sofrimento, e que quando o sofrimento dá trégua, é o tédio. Além das prisões que temos do passado, de tempos que não voltam; tememos o futuro, sofremos mesmo sem conhecer. Como, então, sermos gentis conosco mesmos e escaparmos do sofrimento e do tédio, do tirano chamado desejo ou querer? Shopenhauer propõe três caminhos: *a arte*, como elevação;

a moral, como exercício de compaixão; e *a espiritualidade*, como via de acesso à serenidade.

A arte expande as possibilidades da mente humana. A arte amplia os afetos. A arte libera as emoções mais elaboradas, mais profundas, que moram no interior humano. A compaixão, como já mencionado, é um olhar artístico ao mundo, é um sofrer junto, com todas as criaturas viventes, é um estar com o outro gentilmente no mesmo universo, é tratar a água ou a planta, o animal, o humano com a gentileza necessária de seres que são unidos pelo sopro da vida. E a espiritualidade nos ajuda a vencer o medo do medo. Especialmente, o maior de todos os medos, o medo da morte, nos cria a consciência da beleza de fazermos parte de uma mesma espécie, que não morre. Faço parte da comunidade de seres, formada por: seres humanos, animais e plantas; é como que um ecologismo de Shopenhauer, tudo merece respeito, tudo merece gentileza.

A marca da gentileza é uma marca de respeito a todo o universo, do qual faço parte. Se sou insensível com as plantas e com os animais, dificilmente serei sensível com os homens. É o mesmo homem gentil ou grosseiro, atencioso ou estúpido, cuidadoso ou displicente com o outro, que representa o universo inteiro.

A gentileza é contagiante, como falamos na frase do Poeta Gentileza. Os pitagóricos, quando passavam, eram conhecidos como homens profundamente justos, e os que com eles se encontravam faziam de tudo para desenvolver também a justiça até para participar daquela virtude tão essencial.

Nos Atos dos Apóstolos, há a narrativa das primeiras comunidades cristãs e das características que eles carregavam. Perseveravam eles na doutrina dos apóstolos, tinham tudo em comum, dividindo assim o pão, e viviam da oração e da bondade. E as pessoas quando viam os primeiros cristãos, diziam umas às outras, "vejam como eles se amam", e assim, mais e mais mulheres e homens queriam participar daquela alegria.

Voltemos à etimologia dos indo-europeus para a gentileza, quer dizer: trazer luz ao mundo, dissipar as incompreensões humanas e colaborar para elevar a consciência do compromisso civilizatório. O cultivador da gentileza age em direção oposta ao perverso. O perverso joga sombra no mundo. Agride para ser agredido, chama para briga porque gosta de competir na maldade. Vejam os exemplos dos ataques à moral alheia nas redes sociais. É luz ou sombra? Edifica ou destrói? Colabora para a construção de uma humanidade melhor ou para o esfriamento das relações humanas? São espinhos que saem a atingir os outros, que se aproximam, não mais fisicamente, mas virtualmente e que causam a mesma dor, ou até ampliada pelo ampliado alcance que tem.

Como deve agir um cultivador de gentilezas em situações assim? Da mesma maneira. Não é o outro que determina o grau de gentileza que cultivei e que empresto ao mundo. Quem dá à luz não se sujeita a espalhar sujeiras.

É de Irmã Dulce esta preciosidade:

"As pessoas que espalham amor não têm tempo nem disposição para jogar pedras."

A gentileza é uma decisão poética de uma vida que se dispõe a iluminar outras vidas, iluminando assim a sua própria. Ela não depende de leis escritas, vai além. Imaginem precisar estabelecer leis para que as pessoas cumprimentem umas às outras enquanto se cruzam nas calçadas? É a lei interior que me ensina que o outro é também um templo de amor, como eu. Que o outro faz parte da mesma humanidade da qual faço parte e que, por isso, eu devo tratá-lo como se trata quem é reconhecidamente sagrado. Ajudar alguém a atravessar a rua. Parar, olhar, dar atenção a quem me pede ajuda. Deixar de lado as máquinas que tomam tanto o meu tempo e ouvir alguém que precisa de mim. Sempre há alguém precisando de mim e sempre estarei eu precisando de alguém. Essa é a lógica de sermos animais sociais. Pedir desculpas, agradecer, dar a vez ao outro, não incomodar com o meu volume de voz. Preciosidades que fazem o meu dia melhor. E que melhoram o dia do outro.

Muitas pessoas, nesses tempos de pausa, fazem isso, gentilmente. Cantadores cantam de suas sacadas para amainar a solidão dos outros. Tocadores de instrumentos iluminam de esperança as ruas. Outros fazem compras aos que não podem sair. Isso não está em nenhuma lei. Está na lei que rege as nossas intenções mais profundas e que mora no nosso *Eu Interior*, tantas vezes desfigurado pelas sujeiras que a vida social nos traz. A saudade dos encontros, dos abraços poderia desenvolver em nós um pouco mais de responsabilidade na vida social. Não falo dos perversos ou dos que espalham ódio, esses precisam de mais tempo de depuração para voltar ao estado original. Falo dos desatentos. Deixamos de ser gentis, muitas vezes, por desatenção, por perturbações que me impedem de perceber o outro e a importância do outro em minha vida.

Peço licença a Goethe para completar e experimentar o bom e o belo que moram em um único ato de gentileza.

"Todos os dias devíamos ouvir um pouco de música,

ler uma boa poesia,

ver um quadro bonito e,

se possível,

dizer algumas palavras sensatas."

amor

Que sentimento é esse sem o qual não há nenhum outro?

Que sentimento é esse que dá significado à vida?

O que é uma vida sem amor?

Depois de percorrermos pelas outras virtudes, que englobam outras e que nos ajudam a construir um amanhã, chegamos ao amor.

O amor no fim? O amor é a finalidade da vida. Desde os primeiros movimentos, quando nem temos consciência do que é o movimento, o amor está presente. O amor nos alimenta na vida intra-uterina e nos traz à novidade da vida. No amor, engatinhamos, tropeçamos, caminhamos, caímos, levantamos. E prosseguimos, carentes sempre. A carência não é um mal, é uma consciência do que o outro acrescenta à nossa vida. Carecemos uns dos outros e, assim, nos enlaçamos no amor.

Há o amor próprio que é próprio do amor e que é tão fundamental como o amor ao outro. Como estar preparado para uma história de amor, se o amor está empoeirado dentro de mim, se não cultivo os melhores sentimentos comigo mesmo? Não é à toa que Jesus nos ensina, *ama ao teu próximo como a ti mesmo*. Se eu não tiver uma experiência interna de amor como conseguirei amar o outro, que vive externamente a mim?

O amor perpassa toda a história da filosofia, preenche textos dos literatos, inspira os poetas e move os sonhadores. O amor, matéria-prima de que somos feitos. Por isso é tão forte. Por isso é tão frágil. O amor é o enraizamento ontológico mais profundo, é onde vivo sem as aparências, é onde me encontro quando, inclusive, me perco.

Na tradição grega, nos ensinamentos de "O Banquete", de Platão, os discursos sobre o amor se sucedem e fazem eco até hoje. Se fomos cortados ao meio, o amor é o que nos faz ir em busca da outra metade que nos falta. É sobre isso que discursa Aristófanes, há muito tempo atrás, os humanos estavam muito satisfeitos, Zeus, então, para diminuir essa autoconfiança dos mortais, para superar sua arrogância, cortou-os ao meio. Diante disso, os humanos vagam a vida toda em busca da outra metade. O amor é assim, o desejo do que nos falta, a busca da nossa totalidade. Sócrates, aqui, personagem de "O Banquete", parece não concordar. O amor é a integralidade humana, é o bom, o belo e o verdadeiro dentro e fora do homem. O amor é a ponte que eleva o homem a Deus e que traz Deus ao homem. É o humano no sagrado, é o sagrado plenificando o humano.

O amor amizade reflete a preocupação de Platão e Aristóteles com as virtudes. Quando Aristóteles afirma que *a amizade é uma alma habitando dois corpos,* ele não imagina duas pessoas idênticas formando a amizade, mas um idêntico valor de bondade unindo as duas pessoas.

Se amor paixão é *Eros*, um deus brincalhão capaz de desferir flechadas e reduzir as possibilidades de pensamento, o amor amizade é *philia*, um amor que nos ajuda a florescer mais leve e continuamente que *Eros*. *Eros* é filho de *Poros* e de *Pênia*. É filho do engenho e da mendicância. Da riqueza e da pobreza. É dual. É contraditório. Por isso, o amor paixão nos traz duais sentimentos. Ao mesmo tempo em que nos preparamos para a pessoa amada, em que nos embelezamos, em que nos elevamos com as mais belas e profundas sensações, nos rastejamos em busca do que nos falta. Um amor não correspondido é profundamente dorido, é mendicância, é subserviência, é dor. Daí, o nome de paixão.

No amor paixão, eu amo nele o que falta em mim. É a minha metade que é objeto da minha busca. Então, o desejo é meu, a posse é minha. É inadmissível que eu veja aquele que é meu nas mãos de outro. Por isso sofro tanto, porque como vimos em várias das virtudes, ninguém é de ninguém. Não temos nem as pessoas nem as coisas, o que temos e que é incorruptível, é nossa vida interior, isso quando nos lembramos dela.

O amor amigo não é o que me falta, mas o que enlaça, o que me aquece, o que me permite oferecer calor. Na imensidão do mundo, é no outro que encontro o aconchego. Na visão ética, sem interesse, sem busca de prazer algum que não seja a amizade. A amizade que se fundamenta em interesse se perde rapidamente. Os interesseiros vivem de expectativas o que é ruim. O outro nunca será a parte que me falta. O outro é um inteiro, como eu também. É em uma relação de inteiros que se dá a amizade.

Jesus fala repetidamente em amor. A nova aliança é o amor. Não mais sacrifícios, não mais animais imolados, o que Deus quer é que ele possa revelar ao homem por meio do amor. É o que nos faz à sua imagem e semelhança, na imensa capacidade de amar. São Paulo, na Carta aos Coríntios também fala de amor:

"Ainda que eu falasse as línguas dos homens e dos anjos, se não tiver amor, sou como o bronze que soa, ou como o címbalo que retine. Mesmo que tivesse o dom da profecia, e conhecesse todos os mistérios e toda a ciência; mesmo que tivesse toda a fé, a ponto de transportar montanhas, se não tiver amor, não sou nada. Ainda que distribuísse todos os meus bens em sustento dos pobres, e ainda que entregasse meu corpo para ser queimado, se não tiver amor, de nada valeria.

O amor é paciente, o amor é bondoso. Não tem inveja, não é orgulhoso. Não é arrogante. Nem escandaloso. Não busca os seus próprios interesses, não se irrita, não guarda rancor. Não se alegra com a injustiça, mas se rejubila com a verdade. Tudo desculpa, tudo crê, tudo espera, tudo suporta. O amor jamais acabará."

Em algumas traduções vemos a palavra caridade ao invés de amor. Isso, para distinguir o amor passional, o amor imaturo, o amor desejo, do verdadeiro amor. O verdadeiro amor não é egoísta. Não busco o outro para a satisfação dos meus desejos. Busco o outro porque o respeito como diferente de mim e que, no tempo e no espaço em que vivo, pode caminhar ao meu lado dando mais poesia à minha vida. O amor descartável não é amor. O amor dissimulado não é amor. O amor barulhento não é amor. É no sussurrar da existência que sinto e experimento a beleza de estar com o outro, de ser com o outro único e, ao mesmo tempo, diferente. Únicos no enlace de temas que nos animam no existir. Diferentes, porque é assim que damos a harmonia necessária que inspira a vida. O que seria da música se apenas uma nota musical existisse?

São João também fala de amor, no capitulo 4, 7-8, de sua primeira carta, assim diz:

"Caríssimos, amemo-nos uns aos outros porque o amor vem de Deus, e todo o que ama é nascido de Deus e conhece a Deus. Aquele que não ama não conhece a Deus, porque Deus é amor.

Se partirmos para análise de outras escrituras sagradas, veremos que, independentemente da religião, o amor é cultuado como o que nos aproxima de Deus ou do sagrado. Seja nas religiões monoteístas ou nas indo-europeias. Por isso, é tormentoso estudar as histórias da religião e ver o quanto o desamor foi capaz de desunir, de humilhar, de matar.

Santo Agostinho, chega a dizer, *ama e faz o que quiseres*. Mas, primeiro, ama. Ou talvez, primeiro, conheça o que é o amor. O amor não agride, não espanca, não desrespeita. O amor não cresce em um jardim marcado pela praga do egoísmo. O amor no cristianismo será fundamental para a construção da não hierarquização na relação entre as pessoas. O amor cristão não pode conviver com a ideia de servo e senhor, de escravo e dono, de plebe e aristocracia. Ao menos, conceitualmente. Deus é Pai e todos nós somos seus filhos, e, portanto, irmãos uns dos outros.

O que o cristianismo chama de irmão, os humanistas contemporâneos chamarão de cidadãos. Todos com o direito a ter direitos.

O amor *Ágape* é a completude do amor. É a máxima moralidade. É o amor que não exige nenhuma reciprocidade. É o amor que me envolve em um compromisso de desenvolver os valores mais profundos para a humanidade. É um viver dedicado ao justo, ao bom, ao belo, ao verdadeiro. Se o filho que se alimenta da mãe suga o que é necessário para a sua existência, a mãe dá ao filho uma parte do que é dela para que o filho seja quem precisa ser.

Quando São Francisco de Assis começa a abalar o mundo falando da natureza e com a natureza, quer ele despertar uma consciência para as gerações que virão depois. É o dever de deixar o mundo melhor do que recebemos. É o dever, como escreveu o Papa Francisco em sua primeira Encíclica, de cuidar da "Casa Comum". Sou singular, como já vimos, mas faço parte de uma mesma humanidade que prossegue no tempo e no espaço. Sou parte de um todo maior. O oceano do qual participo como gotícula é maior do que eu e é, ao mesmo tempo, oceano porque dele faço parte.

Simone Weil, filósofa contemporânea, explica Deus como renúncia. O amor de Deus era tão grande que ele se ausentou de uma parte para que essa parte fosse ocupada por nós. Deus e todas as criaturas é menos do que Deus sozinho. Deus aceitou essa diminuição para dar lugar à humanidade. Esvaziou-se de uma parte do Ser para que pudéssemos ter o nosso espaço. Se Deus esvaziou-se da sua divindade, quanto mais o homem deve esvaziar-se de si mesmo, da falsa divindade que erroneamente cultivou. Em "Carta a um religioso", escreve Simone Weil:

"Quando a inteligência, depois de fazer silêncio para deixar o amor invadir toda a alma, volta a se exercer, ela sente que contém mais luz do que antes, mais aptidão para compreender os objetos, as verdades que lhe são próprias.

Mais ainda, creio que esses silêncios constituem para ela uma educação que não pode ter nenhum outro equivalente e lhe permitem compreender verdades que, de outro modo, lhe permaneceriam ocultas.

Há verdades que estão a seu alcance, compreensíveis para ela, mas que ela só pode compreender depois de terem passado em silêncio através do ininteligível."

Simone Weil é uma pensadora que se preocupa profundamente com o ininteligível. É o que não posso ver que me ensina a ver o que preciso ver. E depois de ver, consigo compreender e fazer. Simone teve uma vida intensa na concretude do de amor humano. Formada em Paris, foi a primeira mulher catedrática da França. Abandonou, entretanto, as facilidades da universidade para ser professora de escola pública e conhecer de perto as dificuldades dos que tinham menos possibilidades materiais. Depois, resolver viver junto aos operários para compreender a crise e o desemprego. Escreveu ela sobre a disfarçada escravidão no mundo do trabalho, sobre a ausência de criatividade e sobre o humano transformado em coisa. Doente, passa um tempo em Portugal, vendo uma procissão, torna-se profundamente religiosa. Coloca-se ali na guerra para compreender os campos de luta e estar próxima aos soldados. É de uma vida encarnada em uma realidade dura que surge um pensamento tão elevado.

Simone era a melhor aluna da sua turma e estudou ela com outra Simone também fascinante, Simone de Beauvoir. Mas, a inteligência sem amor é de pouca serventia. *A inteligência* precisa *fazer silêncio para deixar o amor invadir toda a alma.* É o amor que vai colocar a inteligência a serviço da humanidade. Momentos de amor, ver as pessoas tomando a aguardada vacina e se alimentando de esperança. Os medos dando lugar a um novo tempo, a uma nova vida. Gratidão aos cientistas que uniram conhecimento e amor, profissionalismo e cuidado com a humanidade. Quando falamos, no capítulo sobre a gentileza, de dar à luz, repetimos aqui, na perspectiva do amor, a mesma ideia. O amor traz luz ao entendimento. O que já se sabia ganha outro sentido na perspectiva do amor.

A Pandemia trouxe muito medo à humanidade. Um vírus parou o mundo. Um vírus fez e faz com que as pausas sejam profundas. As cidades silenciosas ganharam outros sons. É possível ouvir pássaros nas capitais, a poluição diminuiu, os barulhos se dissiparam. Mas os abraços foram proibidos e, também, os encontros. Somos seres afetivos. O outro nos faz falta. O que aprendemos com a pandemia? O que esse vírus é capaz de nos ensinar? Imaginar que Deus criou o vírus para que a humanidade aprenda alguma coisa é desconstituir a ontologia de Deus. Deus é amor. Por que Deus castigaria os mais velhos? Por que Deus decidiria que os que são mais frágeis deveriam sofrer mais? O vírus é um entre tantos, nascido de tantas mutações, de tantas ações corretas ou incorretas dos homens na relação com a natureza. Outros vírus, nascidos da forma como os homens comandam os animais para o seu sustento, também nos assustaram. Deixando de lado as teorias que se debruçam para entender como surgiu o vírus e partindo para uma visão que nos amplia os fatos para ele aprendermos, o que mudaremos em nós, a partir dessa pausa? A pausa trouxe alívio. De que outras vacinas precisamos para vencer os ódios, as ignorâncias, as insensibilidades?

Quem sou eu depois desse tempo que tive de reflexão, de solidão, de convivência mais intensa comigo mesmo? Se eu responder que persisto igual, é porque não permito que o sofrimento me torne um instrumento de fazer nascer o amor. O amor pela humanidade ou amor pelo outro ou amor por mim mesmo. Mas sempre o amor.

Cecilia Meireles deixou 26 poemas inéditos, chamados "Cânticos". Já usamos um deles. Vamos a outros. Todos têm uma profundidade genuína, uma metafísica própria. Vejamos o XIII:

"Renova-te.

Renasce em ti mesmo.

Multiplica os teus olhos, para verem mais.

Multiplica os teus braços para semeares tudo.

Destrói os olhos que tiverem visto.

Cria outros, para visões novas.

Destrói os braços que tiverem semeado.

Para se esquecerem de colher.

Sê sempre o mesmo.

Mas sempre alto.

Sempre longe.

E dentro de tudo."

A vida é um necessário aprendizado. É preciso ressignificarmos constantemente o que fazemos. E separarmos o que é necessário do que é dispensável. É preciso que sejamos sempre o mesmo e, ao mesmo tempo, que sejamos sempre um outro que nasceu daquele que já não existe mais. O que é em nós que deve mudar e o que em nós deve permanecer?

O Cântico XXIII:

"Não faças de ti

Um sonho a realizar.

Vai.

Sem caminho marcado.

Tu és o de todos os caminhos.

Sê apenas uma presença.

Invisível presença silenciosa.

Todas as coisas esperam a luz,

Sem dizerem que a esperam,

Sem saberem que existe.

Todas as coisas esperarão por ti,

Sem te falarem.

Sem lhes falarem."

O sonho a realizar! Eis o movimento do amor mais profundo. A causa que nos faz ser luz, que nos faz estar no mundo por alguma razão, que é preciso descobrir. *Todas as coisas esperam a luz*. E quem é essa luz? Como posso superar os desejos, que fazem parte de quem sou e partir para um movimento maior? Como posso deixar os sentimentos menores de lado, a rispidez, a raiva, a vingança e me nutrir daquilo que de fato sou. O amor é presença, o resto é ausência. Os que se ausentam do seu eu interior desperdiçam o melhor da vida. Não por escolha, mas por desconhecimento. Pela pequenez da miserabilidade humana.

Na genial obra de Victor Hugo, "Os Miseráveis", vale a pena nos perguntarmos quem são os miseráveis? Jean Val Jan, que é o protagonista da história não é o miserável, apesar de toda a sua condição inicial de pobreza que o levou a furtar alguns pães para os seus sobrinhos, que o levou a ficar anos na prisão, e a sair com um documento que o dificultava arrumar trabalho, para que pudesse permanecer livre. O Monsenhor que o ajuda, mesmo tendo sido furtado por ele, não é o miserável. Os jovens que sonham com uma França que seja para todos não são também os miseráveis. Quem são os miseráveis, então? São os que não amam, os que não têm uma causa, um sonho, uma bandeira. A vida, nesse espaço, é finita. Vivemos um pouco mais ou um pouco menos, mas o que eleva a vida, o que a dignifica é a capacidade que temos de intervir na vida com o maior de todos os sentimentos, o amor.

Qual amor? Apenas o amor *Ágape* é edificante, porque é mais elevado, mais comprometido com a melhoria do mundo? Certamente, ele é o mais edificante, mas não é único.

As lindas histórias de amizade mostram a importância do amor *Philia*. Os encontros que nos melhoram, que nos lapidam, que nos preparam, inclusive para amar as grandes causas, *Ágape*. Os amores convivem. Não há guerra entre eles.

E *Eros*, por ser mais frágil, mais exigente, mais desejoso, deve ser desprezado? Também não. É preferível chorar de amor a chorar de ódio. A fragilidade do amor Eros nos ajuda a compreender a nossa própria fragilidade. Humanos, é o que somos. Caducos, mendicantes, lúcidos, plenos. Duais. Viver é verno. Definitivamente, é verbo.

Amar, também. Indissolúveis na arte de fazer nascer a substantiva felicidade.

Viver é verbo. Não viver é desperdício.

viver é verbo

Esperança
Coragem
Compaixão
Respeito
Liberdade
Singularidade
Generosidade
Resiliência
Paciência
Humildade
Gentileza
Amor

Este livro foi impresso
na gráfica Oceano, em abril de 2021.